KB094836

한 달 배워 평생 써먹는
진짜 돈 공부

한 달 배워 평생 써먹는

진짜 돈 공부

초판 1쇄 발행 · 2021년 7월 16일
초판 2쇄 발행 · 2022년 3월 7일

지은이 · 최민(챔)
발행인 · 이종원
발행처 · (주) 도서출판 길벗
브랜드 · 더퀘스트
주소 · 서울시 마포구 월드컵로 10길 56 (서교동)
대표전화 · 02) 332-0931 | 팩스·02) 322-0586
출판사 등록일 · 1990년 12월 24일
홈페이지 · www.gilbut.co.kr | 이메일 · gilbut@gilbut.co.kr

기획 및 편집 · 유예진(jasmine@gilbut.co.kr), 김세원, 송은경, 오수영 | **제작** · 이준호, 손일순, 이진혁
마케팅 · 정경원, 최명주, 김진영, 장세진 | **영업관리** · 김명자 | **독자지원** · 송혜란, 윤정아
본문 디자인 · design KEY | **교정교열** · 김동화
CTP 출력 및 인쇄 · 북토리 | **제본** · 신정문화사

ISBN 979-11-6521-590-3 03320
(길벗 도서번호 090170)
정가 15,000원

누적조회 400만! 투자멘토 챔의 4주 완성 재테크 수업

한 달 배워 평생 써먹는 진짜 돈 공부

최민(챔) 지음

난무하는 정보와 지식 사이에서
갈피를 잡지 못하는 재테크 초보를 위한 책

#비트코인 #못믿겠고 #서울아파트 #꿈같고
#그럼난대체 #뭘해야하나

더퀘스트

첫 월급이 들어옴과 동시에 우리의 마라톤은 시작되었다

많은 사람이 아무런 마음의 준비 없이 '첫 월급'이라는 스타트 신호로 평생 지속되는 재테크 마라톤을 시작합니다. 그런데 출발 신호가 떨어졌음에도 '출발인가?' 하고 계시는 분들이 많죠. 돌이켜보면 저도 그랬던 것 같아요. 증권사에서 직장생활을 시작해 그래도 스타트는 꽤 수월했습니다. 선배들의 도움을 받아 주식, 금융상품, 연말정산 등 그때그때 필요한 것들을 공부하고, 직접 투자도 했어요. 그런데 어느 순간 현타가 왔죠.

티끌 모아 티끌! '이걸로 대체 언제 부동산 투자를 하고, 내 집 마련을 하지?'라는 생각에 마음이 조급했습니다. 30억 원짜리 아파트에 살고 있는 누군가를 마냥 부러워하기도 했고요. 그래도 마음을 다잡으며 당장 할 수 있는 재테크에 집중했습니다.

이 책에서 주로 다루는 주식, 펀드, ETF 등은 사회 초년생이 소액으로 시작할 수 있는 투자 방법들이에요. 물론 아껴 쓰는 것도 중요하겠죠? 현금 가치가 뚝뚝 떨어지는 시기이지만, 매월 계좌에 들어오는 월급의 소중함을 잊어서는 안 됩니다.

코로나19 이후 역대급 상승장이었던 2020년에는 많은 사람이 돈을 벌었어요. 하지만 앞으로 이렇게 평탄한 코스만 있지는 않을 거예요. 장애물도 있고, 날씨도 오락가락할 겁니다. 우리는 앞으로 다음 세 종류의 무기를 사용해 자산을 불려나가야 합니다.

첫 번째는 더하기, 즉 수입을 늘리는(+) 방법입니다. 열심히 일해 연봉을 높일 수도 있고, 투잡을 뛰며 부수적인 수입을 늘릴 수도 있죠. 두 번째는 빼기(-)를 줄이는 방법입니다. 수입이 정해져 있고, 이를 벗어날 수 없다면 허리띠를 졸라매 금액을 늘리는 거죠. 이 경우, 알뜰하게 지출을 줄이는 짠테크 방법들을 찾아보고 실천할 수 있습니다. 마지막 세 번째는 곱하기(×), 즉 저축과 투자입니다. 이제는 월급만으로 내 집 마련을 할 수 없습니다. 이럴 때일수록 곱하기로 작용하는 재테크의 중요성을 깨닫고, 서둘러 관심을 가질 필요가 있죠.

하지만 우리가 관심을 갖고 공부를 시작해도 몇몇 장벽에 부딪히게 됩니다. 재테크를 위한 금융상품의 종류가 너무 많고, 배경지식이 없는 상태에서는 공부하기가 너무 어려워요. 또 블로그, 유튜브 등을 통해 얻은 파편화된 정보들은 체계적으로 정리가 되지 않죠. 이러한 단점을 보완하고자 수입/지출 관리부터 다양한 재테크 수단의 개념 설명까지 재테크 초보 레벨을 벗어나는 데 필요한 내용을 이 책에 한 권으로 압축해 담았습니다.

이 책은 4주 동안 공부할 수 있는 구성으로 짜여져 있습니다. 바쁜 직장인이라면 주말에 한두 시간 정도 시간을 빼 한 챕터씩 소화하셔도 좋아요. 혹은 재테크 의욕이 불끈불끈 솟아 오른다면 한 번에 다 읽으셔도 좋지요.

1주차에는 내 자산과 수입/지출 현황을 파악하고, 청약통장 사용법, 효과적인 지출 관리법을 알아보며 재테크의 기본기를 다져볼 거예요. 하지만 언제까지 예적금만 할 수는 없겠죠? 이 세상에는 요즘 너도나도 한다는 주식 외에도 ETF, ELS, 펀드, 채권 등 다양한 투자처가 존재해요. 2주차와 3주차에는 투자처를 선택할 때 알아둬야 할 내용들을 살펴보도록 하겠습니다. 대충 어디선가 들어는 봤던 정보와 개념을 한 번에 정리할 수 있을 거예요. 여러 상품에 대한 경험을 쌓은 후에는 나와 잘 맞는 상품들로 나만의 포트폴리오를 만들어야 해요. 4주차에는 시간과 자산 배분 등 실전에 도움이 될 만한 전략과 팁을 알아보도록 하겠습니다.

이 책으로 시작해 지속적으로 공부하며 자산을 불려나가면 재테크 마라톤을 성공적으로 끝마칠 수 있을 거라 확신합니다!

이 책 사용법

1 각자의 속도에 맞게 책을 읽는다.

일주일에 한 챕터씩 읽어도 좋고, 앉은자리에서 후루룩 읽고 반복해 n회독을 하셔도 좋아요.

2 1~4주차 말미에 있는 '행동 노트'를 작성하고 실행해본다.

혼자 하면 자꾸 미루게 되죠. '올해는 재테크를 마스터하자'라는 마음으로 미션을 함께 수행할 재테크 짝꿍을 정해보세요. 그리고 함께 책을 읽고 실행에 옮겨보세요. 계좌를 개설하고, 주식을 사보고, 투자 아이디어를 나누는 과정을 함께해보아요.

3 책을 다 읽은 후 레벨업은 QR코드로!

책에서 다루지 못한 재테크 방법과 다양한 투자 관련 정보를 글과 영상으로 공유하고 있어요. 제가 만든 자료 외에도 매일매일 쏟아지는 수많은 뉴스, 애널리스트 보고서 중 여러분의 재테크 공부에 도움이 될 만한 자료를 정리해 업데이트하고 있으니 궁금하신 분들은 아래 QR코드를 통해 접속해주세요.

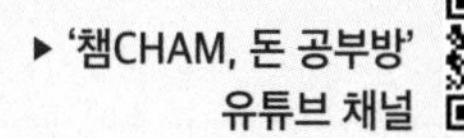

1주차

열심히 더하고(+), 빠지는 걸(-) 막아보자

2주차

곱하기(x), 투자의 기본기 잡기

3주차

좀 더 열심히 투자해봅시다

4주차

투자의 세계에서 오래오래 살아남는 법

1주차

열심히 더하고(+),
빠지는 걸(-) 막아보자

20%, 200% 수익이 났는데 투자금이 10만 원에 불과하다면 얼마나 아쉬울까요? 재테크 수익률을 높이는 것도 중요하지만 계획적인 수입/지출 관리를 통해 투자를 위한 종잣돈을 만드는 과정도 중요합니다. 1주차에는 개인마다 상황이 다르지만 종잣돈을 만드는 과정에서 꼭 알아둬야 할 포인트들을 살펴보겠습니다.

종잣돈 만들기,
이렇게
시작합시다

1억 원을 모으고 싶다면 이것부터

첫 월급이 들어온 날을 기억하시나요? 여기저기 쓴 곳이 많아 잔고는 금세 바닥을 보였지만 저는 그날의 뿌듯했던 감정이 아직도 생생히 기억납니다. 그런데 뿌듯함과 동시에 '앞으로 매달 들어올 돈으로 뭘 어떻게 해야 하지?'라는 걱정이 머릿속을 가득 채웠습니다. 여러분도 대부분 저와 비슷한 생각을 하셨을 거라 생각합니다. 그 전까지는 돈을 어떻게 모으고 불려야 하는지 진지하게 고민해본 적이 별로 없었을 테니까요.

시간을 되돌려 첫 월급을 받던 때의 저에게 딱 한 가지 조언을 해줄 수 있다면, 제 스스로에게 "가계부를 써!"라고 말하겠습니다. 물론 '비트코인을 사'라는 말은 안 된다는 전제하에 말이죠. 여기서 가계부는 지출만을 기록하는 것이 아니라 나의 전체적인 자산, 즉 수입 및 지출을 관리하는 것을 의미합니다. 나의 현 상태를 정확하게 파악해야 재테크 목적을 세우고 앞으로 이야기할 여러 방법을 통해 합리적으로 투자할 수 있어요.

운동하는 상황을 생각해봅시다. 우선 인바디를 통해 몸 상태를 파악한 뒤 목표 체중을 정하고 운동을 시작하죠. 재테크도 마찬가지입니다. 우선 나의 재무 상태를 확인해봐야 합니다. QR코드를 통해 파일을 열면 다음과 같은 표를 볼 수 있습니다.

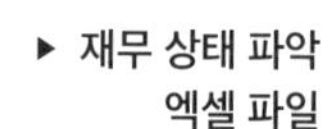
▶ 재무 상태 파악
엑셀 파일

● **A의 재무 상태 파악하기**

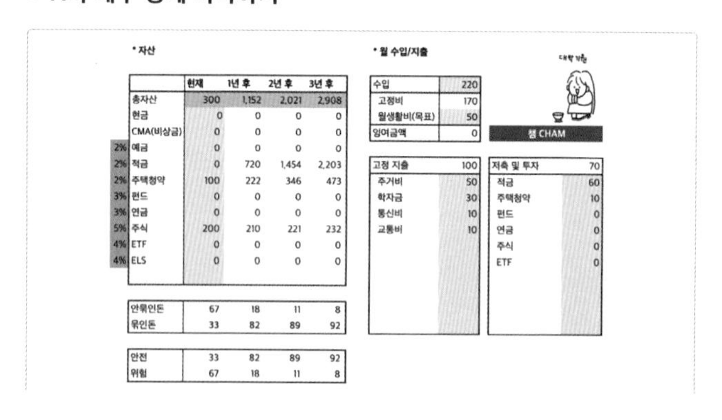

* 자산

		현재	1년 후	2년 후	3년 후
	총자산	300	1,152	2,021	2,908
	현금	0	0	0	0
	CMA(비상금)	0	0	0	0
2%	예금	0	0	0	0
2%	적금	0	720	1,454	2,203
2%	주택청약	100	222	346	473
3%	펀드	0	0	0	0
3%	연금	0	0	0	0
5%	주식	200	210	221	232
4%	ETF	0	0	0	0
4%	ELS	0	0	0	0

안묶인돈	67	18	11	8
묶인돈	33	82	89	92

안전	33	82	89	92
위험	67	18	11	8

* 월 수입/지출

수입	220
고정비	170
월생활비(목표)	50
잉여금액	0

고정 지출	100
주거비	50
학자금	30
통신비	10
교통비	10

저축 및 투자	70
적금	60
주택청약	10
펀드	0
연금	0
주식	0
ETF	0

1 금액 단위는 1만 원이다. (300 = 300만 원)

2 수입 부분에는 월 평균 수입을 입력한다. 매월 수입이 다른 경우에는 평균 금액을 입력한다.

3 지출 부분에는 매월 고정적으로 나가는 고정비와 변동적으로 쓰이는 목표 생활비를 나누어 입력한다. (주거비, 학자금 등 고정 지출 부분에 없는 지출은 추가해서 입력한다. 잉여금액[비상금]은 CMA에 투자한다고 가정한다).

4 저축 및 투자 부분에는 매월 납입하는 금액을 입력한다.

5 왼쪽 자산 부분은 현재 보유하고 있는 금융상품을 입력한다. (진한 주황색 부분[맨 왼쪽]에는 각 투자처의 기대수익률을 상황에 따라 수정해 입력한다. 현재 입력된 값은 필자가 합리적인 목표 수익률이라고 생각한 수치다.)

잠시 책을 덮고 엑셀 파일에 자신의 월 수입과 지출, 자산 등을 직접 입력해보세요(파일의 두 번째 시트인 '재무 목표'에 입력하면 됩니다. 수식 적용이 다 되어 있어요.).

● **실제로 적어보기**

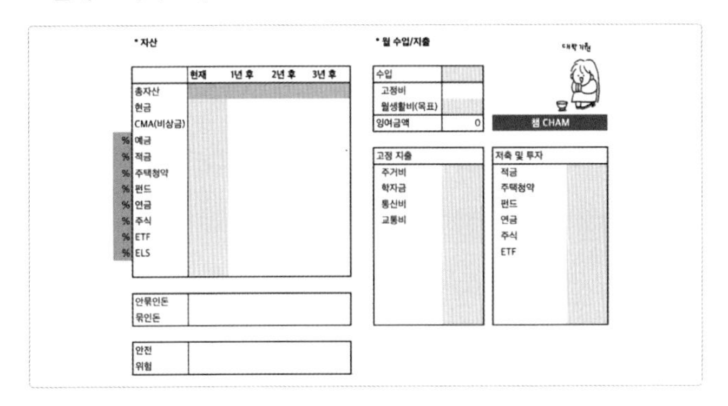

* 자산

		현재	1년 후	2년 후	3년 후
	총자산				
	현금				
	CMA(비상금)				
%	예금				
%	적금				
%	주택청약				
%	펀드				
%	연금				
%	주식				
%	ETF				
%	ELS				

안묶인돈	
묶인돈	

안전	
위험	

* 월 수입/지출

수입	
고정비	
월생활비(목표)	
잉여금액	0

고정 지출	
주거비	
학자금	
통신비	
교통비	

저축 및 투자	
적금	
주택청약	
펀드	
연금	
주식	
ETF	

자, 작성이 끝났나요? 지금부터 A의 사례를 바탕으로 이야기해보겠습니다. 우선 현황 파악을 해봅시다. A는 월 220만 원을 벌어(세후 소득) 주거비, 학자금, 통신비 등 고정 지출로 100만 원, 식비 등 목표 생활비로 50만 원을 사용하고, 남은 70만 원은 모두 저축 및 투자를 합니다. 또 현재 예금, 주택청약, 주식으로 총 800만 원의 자산을 보유하고 있습니다.

서울시 직장인의 평균 월 수입이 220만 원(20대 기준, 2019년 통계청 자료) 정도라고 해요. A는 취업난을 뚫고 직장 생활을 시작한 지 1년 정도 지난 분들과 상황이 비슷할 겁니다. 직장을 다닌 지 1년이 지났는데 1,000만 원도 모으지 못하다니! 조금 막막한 마음이 들 거라 생각해요.

많은 분들이 '이렇게 모으기만 해도 되나?'라고 할 텐데요. 여러분이 재테크를 시작할 때 가장 먼저 해야할 일은 달성 가능한 재테크 목표를 세우는 겁니다. 만약 A가 지금과 같은 방식을 계속 유지한다면 3년 후 자산은 약 3,400만 원이 될 거예요. 막연하게 큰 금액(1억 원)을 모으겠다고 목표를 세우는 것보다 내 재무 상태를 파악한 뒤 현실적인 재테크 목표를 세우는 것이 좋아요.

'앞으로 월급이 조금씩 오를 수도 있고, 생활비를 조금씩 절약해 3년 후에 3,500만 원을 모아야지'라는 식으로 목표를 설정하는 거죠. '나는 무슨 수를 써서라도 3년 후에 5,000만 원을 모을 거야'라고 공격적인 목표를 설정한다면, 1,500만 원의 추가 수입을 위해 매년 500만 원씩 부가 수익을 창출할 수 있는 부업을 찾거나 공격적으로 다양한 투자처를 공부해야 합니다.

A의 표를 보며 '묶인 돈/안 묶인 돈' 비율과 '안전/위험' 비율을 이야기해보도록 하죠. 묶인 돈은 예적금처럼 만기가 있어 바로 현금화할 수 없는 돈을 의미해요. 안전/위험 비율은 전체 자산 중에서 원금 손실 가능성이 있는 주식, ELS 등에 투자한 비율을 의미하죠. A는 전체 자산 중 75% 가량이 묶여 있고, 위험자산에 투자한 비율은 25%네요.

'비율은 어느 정도로 해야 한다'라는 정답은 없지만 어느 한쪽으로 90% 이상 치중되는 것은 피하는 게 좋습니다. 비율은 개인 성향이나 인생 사이클을 고려해 판단해야 해요. 예를 들어, 내년에 결혼을 앞두고 목돈을 사용해야 할 일이 있는 사람이 70~80%의 돈을 묶어두었다면, 현재 자신이 가입한 상품의 만기가 언제인지 파악해 원하는 시점에 현금화할 수 있어야겠죠. 중도 해지할 경우 약정 이자에 훨씬 미치지 못하는 이자를 받기 때문에 차라리 입출금이 자유로운 계좌를 활용하는 것이 나을 수도 있습니다.

예적금만 할 때에는 보유자산을 관리하는 일이 쉽습

니다. 은행 계좌 수도 많지 않고 '매월 100만 원씩 부으면 1년 후에 원금 1,200만 원에, 이자가 1%대이니 10만 원쯤 더 들어오겠네' 이런 식으로 계산이 바로바로 되죠.

그런데 추후에 주식, 펀드 등의 투자를 시작하면 계좌가 분산되어 한눈에 관리하기가 힘들어요. 이런 문제를 해결하기 위한 '뱅크샐러드' 등의 서비스는 내 자산 현황 위주로 보여주기 때문에 '계획'을 하기에는 조금 아쉬운 부분이 있습니다. 그러니 귀찮더라도 직접 파일을 작성해보고 자신만의 재테크 목표를 세워볼 필요가 있습니다. 내 돈을 관리할 사람은 나밖에 없거든요.

숨은 10만 원을 찾아드립니다

인바디를 통해 목표를 세웠다면 본격적으로 운동을 시작해야겠죠? 운동을 한 번도 해본 적 없는 사람은 처음부터 강도 높은 운동을 할 수 없습니다. 몸에 무리가 가지 않는 유산소 운동부터 제대로 꾸준히 해 기초 체력을 길러야 하죠. 여기서 유산소 운동은 재테크로 따지면 예적금과 같은 위험이 낮은 원금 보장형 상품을 의미합니다.

원금 보장형 상품을 판매 기관에 따라, 만기 유무에 따라 나누어 정리해보았습니다. 여기에 숨은 10만 원을 찾을 수 있는 포인트가 있습니다. 결론부터 말씀드리면 '귀찮음을 이겨내고 은행 밖으로 나가자!'만 기억하면 됩니다.

● **은행, 상호금융권, 증권사의 차이**

	돈이 묶이지 않아요(만기 ×)	돈이 묶여요(만기 ○)
은행	입출금 통장	예금, 적금
상호금융권		예금, 적금
증권사	CMA	발행어음

많은 분들이 입출금이 자유로운 은행의 주거래 계좌를 통해 월급을 받고, 이체를 하고, 다양한 금융 활동을 하고 계실 겁니다. 이때 주거래 계좌를 CMA로 옮기는 것만으로도 1%가량의 이자를 더 받을 수 있습니다. CMA 계좌를 만드는 방법은 어렵지 않아요. 은행에서 입출금 통장을 만들 듯 증권사에 방문해 "계좌 만들어주세요"라고 말만 하면 됩니다.

은행 입출금 계좌가 보통 1년에 0.1%가량의 이자를 주는 데 반해, 증권사 CMA 계좌는 기관마다 다르지만 1%

대의 이자를 주는 경우가 많습니다. 카드를 사용하는 등 우대 조건을 만족하면 더 높은 이자율을 제공하기도 하죠. 돈이 묶이지 않고 원할 때 인출해 사용할 수 있다는 점은 같으면서 조금 더 높은 이자를 챙길 수 있기 때문에 저는 사회 초년생 시절부터 증권사 CMA 계좌를 사용해왔습니다. 물론 단점도 있습니다. 은행 입출금 계좌와 달리 예금자 보호가 되지 않는다는 점이죠.

은행에 맡긴 돈은 은행이 망한다 하더라도 국가에서 5,000만 원까지 원금을 보장해줍니다. 하지만 증권사 계좌의 경우, 이 예금자보호법이 적용되지 않습니다. 다만, 규모가 큰 4대 증권사(미래에셋대우, 한국투자증권, NH투자증권, 삼성증권) CMA 계좌를 사용한다면 위험 부담을 어느 정도 덜 수 있다고 생각합니다. 4대 증권사가 위기에 처한다는 것은 1997년 IMF 사태급의 상황이 발생했다는 뜻인데, 그럴 가능성이 매우 낮을 뿐만 아니라 그런 상황에서는 은행에 예치해둔 돈의 안전도 확신할 수 없지 않을까요?

물론 제 방법이 모두 정답은 아닙니다. 개인의 위험 성향에 따라 결정하면 될 것 같아요. 저처럼 증권사의 부도 가능성이 낮다고 생각하면 비교적 규모가 큰 증권사의 CMA 계좌를 만들어 사용하면 되고, 그렇지 않다고 생각하면 은행이나 이후에 이야기할 상호금융권, 저축은행(예금자보호법 적용)의 상품을 선택하면 됩니다.

그럼 지금부터 상호금융권, 저축은행의 상품에 대해 알아볼게요. 상호금융권은 조금 생소할 수도 있는데 농협, 수협, 새마을금고 등의 기관을 말합니다. 일반적으로 이 기관들은 시중은행보다 높은 금리를 제공하고, 비과세(저율과세) 혜택이 있습니다. 상호금융권은 국가의 예금자보호법이 적용되지는 않지만 기관에서 자체적으로 보호제도를 운영하고 있습니다. 저축은행의 예적금은 은행처럼 예금자보호법으로 5,000만 원까지 보호받을 수 있고요.

그럼 구체적으로 어느 기관, 어느 지점의 금리가 괜찮은지 알아볼까요? 예적금 등 금융상품을 비교할 수 있는 사이트들을 소개시켜드릴 텐데요. 주거래 은행이나 집 혹은 회사 근처 은행에서 대충 가입하기보다는 이 사이트를 활용해 티끌 모아 티끌이라도 좋은 조건의 상품을 찾아보기 바랍니다.

우선, 금융감독원에서 운영하는 '금융상품 한눈에(finlife.fss.or.kr)'라는 사이트가 있습니다. 예적금뿐 아니라 펀드와 연금상품 등 여러 금융기관에서 판매하는 상품들을 한눈에 비교해볼 수 있습니다.

저축은행이 시중은행보다 금리를 많이 주는 건 알고 있지만, 정확히 어느 저축은행이 가장 높은 금리를 주는지

• ‘금융상품 한눈에’

• ‘금융상품 한눈에’를 통해 검색한 결과

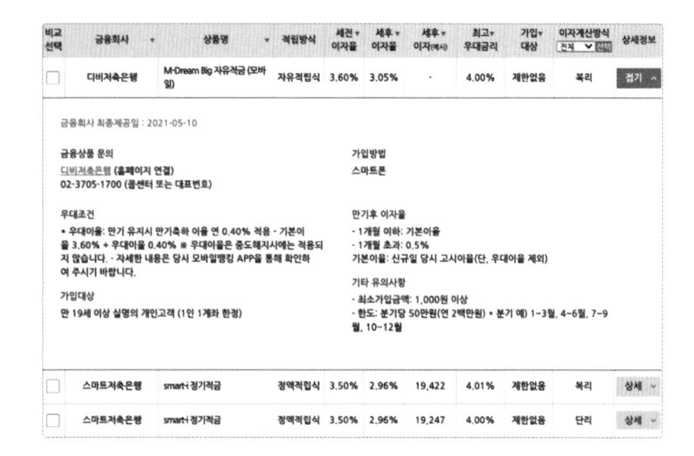

비교선택	금융회사	상품명	적립방식	세전 이자율	세후 이자율	세후 이자(예시)	최고 우대금리	가입 대상	이자계산방식	상세정보
☐	디비저축은행	M-Dream Big 자유적금 (모바일)	자유적립식	3.60%	3.05%	-	4.00%	제한없음	복리	접기

금융회사 최종제공일 : 2021-05-10

금융상품 문의
디비저축은행 (홈페이지 연결)
02-3705-1700 (콜센터 또는 대표번호)

우대조건
• 우대이율: 만기 유지시 만기축하 이율 연 0.40% 적용 - 기본이율 3.60% + 우대이율 0.40% ※ 우대이율은 중도해지시에는 적용되지 않습니다. - 자세한 내용은 당사 모바일뱅킹 APP을 통해 확인하여 주시기 바랍니다.

가입대상
만 19세 이상 실명의 개인고객 (1인 1계좌 한정)

가입방법
스마트폰

만기후 이자율
- 1개월 이하: 기본이율
- 1개월 초과: 0.5%
기본이율: 신규일 당시 고시이율(단, 우대이율 제외)

기타 유의사항
- 최소가입금액: 1,000원 이상
- 한도: 분기당 50만원(연 2백만원) * 분기 예) 1~3월, 4~6월, 7~9월, 10~12월

비교선택	금융회사	상품명	적립방식	세전 이자율	세후 이자율	세후 이자(예시)	최고 우대금리	가입 대상	이자계산방식	상세정보
☐	스마트저축은행	smart-i 정기적금	정액적립식	3.50%	2.96%	19,422	4.01%	제한없음	복리	상세
☐	스마트저축은행	smart-i 정기적금	정액적립식	3.50%	2.96%	19,247	4.00%	제한없음	단리	상세

일일이 비교해보지 않으면 알기 어렵죠. 이럴 때도 ‘금융상품 한눈에’ 사이트를 활용하면 됩니다. 지역, 가입 조건 등 본인이 원하는 조건에 따라 검색 결과를 확인할 수 있

고, 상세 정보를 클릭하면 자세한 우대 조건과 가입 방법을 확인할 수 있습니다.

금융상품을 비교해볼 수 있는 '마이뱅크(www.mibank.me)'라는 사이트도 있습니다. 사이트에 접속해 상단 메뉴에서 '금리비교〉예금금리'를 클릭하면 은행, 새마을금고, 신협, 저축은행의 상품들을 비교할 수 있습니다. 새마을금고와 신협은 지점마다 상품 조건이 다릅니다. 마이뱅크에서는 '금융상품 한눈에'에서 확인할 수 없는 상호금융권의 정보를 확인할 수 있어요.

• 마이뱅크

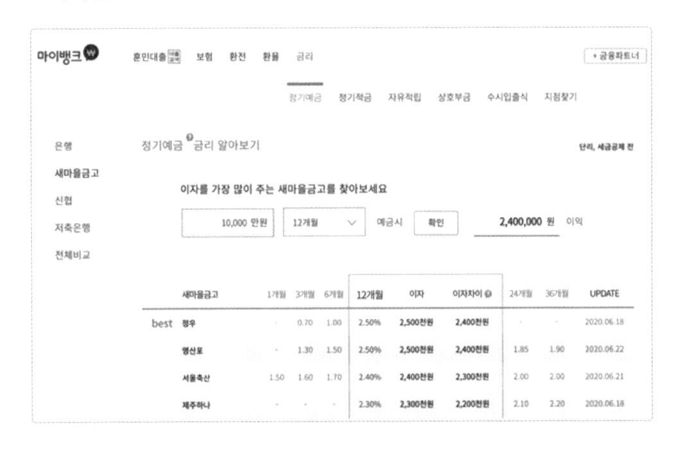

	새마을금고	1개월	3개월	6개월	12개월	이자	이자차이	24개월	36개월	UPDATE
best	청우	-	0.70	1.00	2.50%	2,500천원	2,400천원	-	-	2020.06.18
	영산포	-	1.30	1.50	2.50%	2,500천원	2,400천원	1.85	1.90	2020.06.22
	서울축산	1.50	1.60	1.70	2.40%	2,400천원	2,300천원	2.00	2.00	2020.06.21
	제주하나	-	-	-	2.30%	2,300천원	2,200천원	2.10	2.20	2020.06.18

재테크는 귀차니즘과의 싸움입니다. 번거롭지만 두 사이트를 더블 체크해 조금이라도 이자를 많이 주는 쏠쏠한

상품을 선택하기 바랍니다.

그리고 상호금융권은 금리가 높지만 해당 지점을 방문해야 한다는 불편함이 있고, 해당 지역에서 경제 활동을 하지 않을 경우 비과세 혜택을 받을 수 없다는 점을 기억해주세요.

청약통장 A to Z

청약통장이 뭐야?

현재 수많은 금융상품이 존재하지만 '이건 꼭 가입해야 해!'라고 단언할 수 있는 상품은 거의 없습니다. 개인의 위험 성향과 상황이 모두 다르기 때문이죠. 그런데 이번에 설명드릴 '청약통장'은 제가 유일무이하게 추천하는 상품입니다. 이미 많은 분들이 청약통장을 가지고 있을 겁니다. 그런데 이 청약통장을 언제, 어떻게 사용해야 하는지 잘 모르는 분들이 생각보다 많습니다. 지금부터 청약통장에 대해 꼼꼼히 알아볼까요?

주택청약종합저축, 즉 청약통장은 쉽게 말해 '청약 신청' 기능이 있는 적금통장입니다. 청약은 새로 짓는 신축

- **청약통장이란**

구분	내용
개념	청약 기능이 있는 적금통장 1순위: 가입 2년 경과, 24회 납입 혹은 잔고 기준 금액 이상
만기	없음 청약 당첨 시 사용 불가 소액씩 납입 해지하지 않고 오래 가지고 있는 것이 좋음
이자율	가입 기간에 따라 다르지만 보통 1%대 ⇨ 청년우대형 청약통장

아파트에 들어갈 사람을 모집하는 것을 의미하는데요. 집주인과 직접 거래를 하는 구축 아파트와 달리, 신축 아파트는 희망자에게 신청(청약)을 받고 그중에서 집주인이 될 사람을 결정합니다. 청약통장이 없으면 신축 아파트 분양을 신청조차 할 수 없죠.

새로 아파트를 지을 건데
들어와서 살 사람?

나! 나!

너 청약통장 있어?
그게 꼭 필요해.

헐! 청약통장 없는데!

청약통장은 일종의 적금통장입니다. 다만 일반적인 적금과 달리 만기가 없죠. 자신이 해지하고 싶을 때까지, 청약이 당첨될 때까지 가지고 있을 수 있습니다. 기본적으로는 매월 2~50만 원씩 납입하는 적금통장이라고 생각하면 되는데요. 자동이체를 하다 중간에 중지하고 추후에 밀린 금액을 한 번에 납입해도 되기 때문에 일종의 자유적립식 적금이라고 생각하면 됩니다. 단, 청약통장은 오래 유지하는 것이 좋으므로 감당할 수 없는 큰 금액을 넣는 것보다 소액씩 꾸준히 납입하는 것이 중요합니다.

그리고 청약통장은 적금통장이어서 납입한 돈에 대해 이자가 붙습니다. 가입 기간과 상품 내용에 따라 다르지만, 이자율이 그리 높지는 않아요. 기준금리에 연동되기 때문에 2020년 기준 1%대 혹은 그에 미치지 못하는 이자율이 적용됩니다.

청약통장의 등급

청약통장의 핵심 기능인 '청약'에 대해 좀 더 자세히 알아볼까요? 청약통장에는 등급이 있습니다. 청약을 신청할 때 어떤 주택 유형(민영/국민)을 선택했는지, 가입한 지 얼마나 됐는지, 통장 잔고(예치금)는 얼마인지에 따라 1순위, 2순위 청약 신청자가 됩니다.

조건이 가장 까다로운 서울권(투기과열지구) 민영주택을 기준으로 청약통장 주인이 무주택 세대주, 가입 기간 2년 이상, 기준 예치금 이상, 해당 지역 1년 이상 거주 등을 만족하면 1순위 청약통장이 됩니다. 이 조건을 만족하는 것은 생각보다 어렵지 않아 2020년 기준 서울권에서 1순위 청약통장을 가지고 있는 사람이 300만 명이 넘는다고 해요.

그럼 이렇게 많은 1순위 후보자 중 어떤 사람에게 신축 아파트(민영주택 기준) 입주권을 줄까요? 당연한 말이지만 집이 더 간절한 사람에게 줍니다. 이 간절함을 '가산점'이라는 척도로 점수화했는데요. 3가지 요소를 봅니다. 1) 무주택 기간, 2) 부양가족 수, 3) 청약통장 가입 기간이 바로 그것이죠.

- **청약통장 가산점**

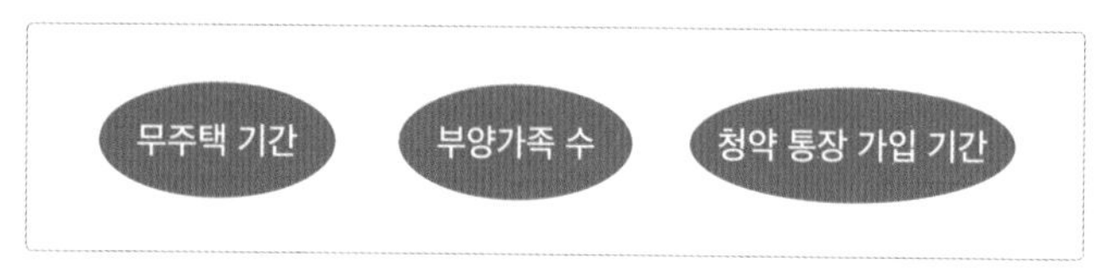

*투기과열 지구 85㎡ 이하 기준

무주택 기간이 길수록, 부양가족이 많을수록, 청약통장 가입 기간이 길수록 '집을 줘도 될 만한 사람이야'라고 생각한다는 뜻입니다. 2020년 기준 규제 지역의 소형 평수(85㎡ 이하) 주택은 모두 가산점을 기준으로 청약 당첨자가 결정됩니다. 서울권 민영주택의 평균 당첨 가산점은 최소 40점대 이상이고, 인기 단지는 60점을 넘기도 합니다.

사실 나이가 어리고 아직 가정을 꾸리지 않은 2535세대는 특별공급제도(신혼부부 특별공급 등)를 통하지 않으면 청약 당첨이 불가능한 상황입니다. 실제로 재테크 강의를 할 때 2535세대에게 "당첨 가능성도 없는데 청약통장을 꼭 가지고 있어야 하나요?"라는 질문을 가장 많이 받습니다. 그런데 저는 정말 급한 상황이 아니라면 청약통장 정기 납입을 중지하더라도 해지하지 말고 갖고 있는 것이 좋다고 생각합니다.

2가지 이유가 있는데요. 첫 번째 이유는 청약통장은 오래 가지고 있을수록 가산점이 쌓이는 구조이기 때문입니다. 납입이 힘든 상황이라면 통장을 해지하는 것보다 잠시 납입을 중지하는 게 낫습니다. 만약 2년 동안 납입을 중지했다면, 추후 2년 치(24회)에 대해 1회차 납입 최소 금액인 2만 원씩 48만 원을 납입하면 납입 기간을 인정받을 수 있습니다. 물론 자금 여유가 있고, 회차별 납입 금액이 중요한 공공 분양을 노리는 분들은 10만 원씩 240만 원을 납입해도 됩니다.

두 번째 이유는 정권마다 부동산 정책이 바뀌기 때문입니다. 지금은 가산점을 기준으로 청약 당첨자를 선정하지만 정권이 바뀌면 달라질 수도 있습니다. 몇 년 전 〈나 혼자 산다〉라는 예능 프로그램에 배우 이시언 씨가 청약에 당첨되어 이사를 간 에피소드가 소개된 적이 있습니다. 부양가족이 없고, 비교적 젊은 나이의 그가 어떻게 청약에 당첨될 수 있었을까요?

그가 청약에 당첨된 시기는 2016년입니다. 그때는 지금과 달리 추첨을 통해 당첨자를 선정했습니다. 그야말로 운이 좋았던 '청약 로또' 당첨자라 할 수 있죠.

우리도 이 청약 로또 당첨의 기회를 열어두자는 겁니다. 청약통장을 가지고 있다가 부동산 사이클에 따라 정책이 바뀌면 기회를 잡아야 합니다. 청약통장이 없으면 그러한 기회조차 사라지는 것이니, 여러모로 해지보다는 납입 중지가 나은 선택입니다.

청약홈 활용법

청약 공고 확인부터 신청, 결과 확인까지 모두 해결할 수 있는 청약홈(www.applyhome.co.kr)이라는 사이트가 있습니다. 어떤 청약 공고가 발표되었는지 알아보고 자신의 조건을 확인해 신청한 후 결과까지 볼 수 있는 곳이죠. 어떻게 활용하는지 살펴볼까요?

• 청약홈

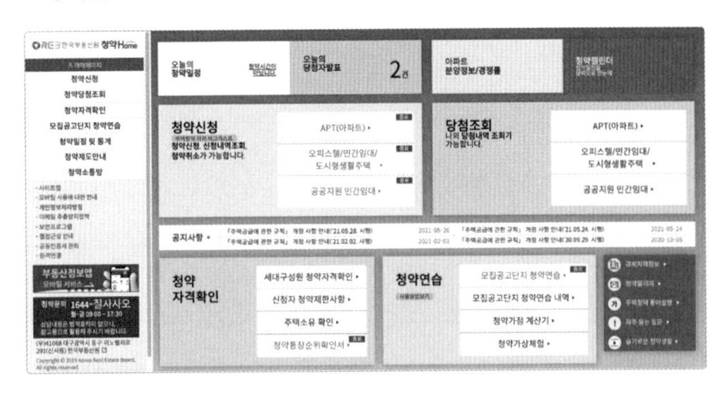

먼저 사이트에 접속해 오른쪽 상단의 ‘아파트 분양정보/경쟁률’, ‘청약캘린더’에서 청약 공고와 일정을 확인합니다. ‘아파트 분양정보/경쟁률’에서는 자신이 원하는 지역의 과거 청약 경쟁률을 검색해볼 수 있고, ‘청약캘린더’에서는 같은 정보를 달력 형식으로 정리해 향후 청약 일정

을 한눈에 확인할 수 있습니다.

일정을 확인해 청약 신청을 하고 싶은 아파트가 있다면 왼쪽의 '청약자격확인'에서 나의 자격 요건을 확인해야 합니다. 나의 청약통장이 1순위 조건을 만족하는지 확인하고 가산점을 계산해봅시다. 공인인증서로 로그인한 뒤 안내에 따라 가산점 계산을 위한 수치를 입력하면 결과를 확인할 수 있습니다.

'모집공고단지 청약연습'도 사용해봅시다. 청약은 보통 하루 동안만 신청을 받습니다. 처음 신청할 때는 절차가 매우 복잡하게 느껴질 수도 있으므로 연습을 통해 조건이 빠지는 것이 없는지 만반의 준비를 해두는 것이 좋습니다.

청약 당일에는 '청약신청'에 들어가 원하는 물건 유형(아파트, 오피스텔/민간임대 등)을 선택한 뒤 연습한 대로 청약 신청을 진행합니다. 이후 당첨자 발표일에 '당첨조회'에 들어가면 결과를 확인할 수 있습니다.

청약홈은 모바일 애플리케이션으로도 이용할 수 있지만, 공인인증서 로그인 등 번거로운 작업이 많아 웹 화면에서 이용하는 것이 조금 더 편리합니다. 새집 마련을 꿈꾸고 있다면 청약홈에 자주 접속해 새로운 공고가 등록됐는지 확인할 필요가 있습니다. 사이트 화면의 좌측 '청약제도안내'에 청약에 대한 다양한 개념이 잘 설명되어 있으니 용어나 개념이 헷갈린다면 이 메뉴를 활용해보기 바랍니다.

청약통장 활용법

청약통장의 개념과 청약홈의 활용법을 알아보았으니 이제 청약통장에 돈을 얼마씩 어떻게 납입해야 하는지 알아봐야겠죠? 우선 자신이 원하는 주택 유형을 확실히 확인해야 합니다. 국민주택은 국가, 지방자치단체, LH 및 지방공사가 건설하는 주택을 말하고, 민영주택은 국민주택을 제외한 주택을 말합니다. 이른바 래미○, 푸르지○ 등 브랜드 아파트지요. 어떤 주택을 목표로 하느냐에 따라 청약통장에 어떻게 돈을 납입해야 하는지 전략이 달라집니다.

우선 국민주택을 목표로 하는 경우를 알아볼까요? 국민주택 청약을 위한 1순위 통장을 만드는 건 그리 어렵지 않습니다. 지역에 따라 조건이 다르지만 24개월 이상 연체 없이 꾸준히 납입하면 수도권과 투기과열지구 할 것 없이 1순위로 청약 신청이 가능합니다. 이때 10만 원씩 꾸준히 납입할 것을 추천하는데요. 국민주택은 가산점이 높은 사람에게 우선순위를 주는 민영주택과 선발 기준이 다르기 때문입니다.

1순위 청약통장 조건과 까다로운 소득·자산 조건을 만족하는 사람 중에서 저축 총액 또는 납입 횟수를 기준으로 당첨자를 선발합니다. 면적이 40㎡(약 12.1평) 이상인 경우에는 저축 총액이 클수록, 면적이 40㎡ 이하인 경우에는 납입 횟수가 많을수록 유리합니다. 청약통장은 1회 납입액을 10만 원까지 인정해주기 때문에 저축 총액을 최대한 인정받을 수 있는 10만 원을 맞춰 납입하는 것이 좋습니다.

민영주택은 조금 다릅니다. 개인 상황에 맞게 '소액씩 꾸준히'가 중요합니다. 만약 청약 신청 시 예치 금액이 모자란다면 일시에 납입할 수 있습니다. 24개월 이상 납입하면 지역 상관없이 1순위 청약통장이 되기 때문에 이후에는 가산점을 높이는 것에 초점을 맞춰야 합니다. 무주택 기간, 부양가족 수는 마음대로 조절하기 어려운 변수이기 때문에 마지막 조건인 청약통장 가입 기간을 최대한 활용할 필요가 있습니다.

청약통장은 가급적 일찍 만들고 매월 최소 2만 원만 납입하세요(미성년자의 경우 2년까지만 가입 기간으로 인정). 청약통장은 꽤 오랫동안 묶어두어야 하기 때문에 본인의 여유 금액을 고려해 납입하는 것이 중요합니다. 너무 많은 금액을 납입하는 것은 추천하지 않아요.

단, 특정 조건을 만족하는 분들은 청약통장에 납입한 돈을 소득공제받을 수 있으므로 납입액을 높여도 괜찮습니다. 연봉이 7,000만 원 이하인 무주택 세대주는 납입액(240만 원 이상일 경우 240만 원까지만 인정)의 40%까지 공제받을 수 있습니다. 240만 원 이상 납입하면 연말정산을 할 때 40%인 96만 원을 내 소득이 아닌 것처럼 빼주겠다는 의미예요. 이런 분들은 월 20만 원을 납입해도 좋겠죠?

만약 2만 원을 주기적으로 납입하기 어려운 상황이라면, 잠시 납입을 중지했다가 이후에 일시에 납입해도 기간을 인정받을 수 있습니다. 2년 동안 납입하지 않았다면 납입을 재개할 때 2만 원씩 총 48만 원을 일시에 납입하면 되는 겁니다. 개인 상황에 맞춰 유연하게 운용하되, 앞서 이야기했듯 해지보다는 중지를 하는 것이 나은 선택입니다.

마지막으로 청약통장과 관련해 청년들이 주목할 만한 상품이 있습니다. 나이, 소득 등의 조건을 만족한다면 청년우대형 청약통장에 가입하거나 기존 청약통장을 전환하는 것이 유리합니다. 만 19세 이상 만 34세 이하이면서 직전년도 연소득이 3,000만 원 이하이고 무주택 세대주(40쪽 표의 조건 확인)인 경우, 청년우대형 청약통장에 가입할 수 있습니다. 조건이 꽤 까다롭지만 다양한 혜택이 제공되니 반드시 알아둘 필요가 있겠죠?

- **청년우대형 청약통장 가입 조건**

만 19세 이상 만 34세 이하, 직전년도 연소득 3,000만 원 이하이고, 다음 세대주 요건 중 어느 하나에 해당하는 자

① 무주택인 세대주(3개월 이상 세대주일 것)
② 무주택자이고 가입일로부터 3년 이내 세대주 예정자(3개월 이상 세대주가 될 것)
③ 주민등록등본에 함께 등재된 본인, 배우자 및 (조)부모와 자녀가 모두 무주택인 자
* 만 34세 초과 시 병역 복무 기간(최대 6년)만큼 차감 가능
* 이 저축을 포함하여 주택청약종합저축, 청약저축, 청약예금, 청약부금 중 1인 1계좌만 가입 가능

이 상품은 1%대 금리를 제공하는 기본 청약저축과 달리 1.5%가량의 우대금리를 제공(변동금리이기 때문에 달라질 수 있음)하고, 최고 금리 3.3%까지 적용됩니다. 또한 연간 납입액 240만 원까지 40% 한도로 소득공제를 받을 수 있습니다. 여기에 이자 소득에 대해 비과세가 적용되는데요. 가입 기간이 2년이 넘으면(최대 10년) 이자 소득 500만 원까지 비과세 혜택을 받을 수 있습니다.

지출 관리가 시작

가계부 애플리케이션, 어디까지 써봤니?

앞서 재테크 목표를 세우고, 원금 보장이 되는 예적금과 청약통장에 대해 알아봤습니다. 지금부터는 정해진 월급으로 종잣돈을 더 빠르게, 잘 모으기 위한 지출 관리에 대해 이야기해보겠습니다. 숫자로 '우리가 왜 열심히 종잣돈을 모아야 하는지' 보여드릴게요.

월급 300만 원을 받는 직장인 A와 B가 2년 동안 돈을 모으고 굴렸다고 가정해봅시다. A는 지출을 최대한 줄이고, 월급의 50%를 이자율 2%인 예적금에 넣었습니다. 2년 후 A가 모은 돈은 3,670만 원이 됩니다. 그런데 B는 지출을 많이 줄이지 못해 월급의 40%를 투자했습니다. B가 A와 비슷한 금액을 모으려면 투자수익률을 얼마나 높여야 할까요? 5%? 10%? 아닙니다. 20% 이상 만들어야 합니다. 다양한 투자처에 투자해 수익률을 높이는 것도 중요하지만, 종잣돈이 적은 상황에서는 일단 지출을 줄이고 '모으는 것'이 더 중요한 이유입니다.

● **일단 모아라!** (단위: 만 원)

연 수익률		2%	5%	10%	20%
월급에서 저축하는 비율	70%	5,138	5,289	5,554	6,135
	60%	4,404	4,533	4,760	5,259
	50%	3,670	3,778	3,967	4,382
	40%	2,936	3,022	3,174	3,506
	30%	2,202	2,267	2,380	2,629
	20%	1,468	1,511	1,587	1,753

*2년 투자 가정

수입에서 지출을 빼면 저축 혹은 투자할 수 있는 여유 금액이 나옵니다. 종잣돈을 빨리 모으기 위해서는 부업 등을 통해 수입을 다변화하거나 지출을 줄이는 방법이 필요합니다. 부업을 할 수 있는 상황은 개인마다 다르기 때문에 영리하게 지출을 줄이는 방법을 알아야 하죠.

계획이 있어 예상 가능하게 100만 원을 쓰는 사람과 아무 계획 없이 들쭉날쭉 80만 원을 쓰는 사람이 있습니다.

여러분은 누가 올바른 지출을 한다고 생각하나요? 저는 지출액이 크더라도 계획적으로 돈을 사용하는 사람이 더 낫다고 생각합니다. 우리는 계획을 세워 그에 맞게 지출하는 습관을 들일 필요가 있습니다. 그렇지 않으면 이후에 수입이 늘었을 때 지출도 계획 없이 무한정 늘어날 수 있거든요.

계획을 세워 지출을 통제하는 방법으로는 '가계부 쓰기'가 가장 효과적입니다. 요즘엔 편리하게 사용할 수 있는 가계부 애플리케이션이 많습니다. 뱅크샐러드, 브로콜리, 편한가계부 등이 대표적이죠. 애플리케이션을 선택할 때에는 1) 자동 업데이트가 되는지, 2) 지출 유형별로 분류가 잘되는지, 3) 사용성이 편리한지를 고려해야 합니다. 뱅크샐러드와 브로콜리는 공인인증서와 연동한 나의 전체 자산 관리 기능을 지원하고, 편한가계부는 가계부의 본연 기능인 지출 기록에 초점을 맞추었습니다.

저는 편한가계부를 사용하다 아이폰으로 바꾼 뒤부터 뱅크샐러드를 사용하고 있어요. 아이폰을 사용하는 분들은 문자 복사 기능이 없어 편한가계부가 조금 불편할 거예요. 저는 아이폰+뱅크샐러드 조합으로 지출 내역을 일일이 입력해야 하는 귀찮음은 덜었는데, 뱅크샐러드에서 제공하는 너무 많은 자산 관리 기능이 오히려 불편하게 느

꺼지더라고요. 그래서 생활비 계좌만 연동시켜놓고 지출 내역을 관리하는 용도로만 뱅크샐러드를 사용하고 있습니다.

하지만 저와 달리 주식(증권사 계좌), 부동산, 자동차까지 본인의 자산 변화 내역을 모니터링할 수 있는 기능이 만족스럽다는 친구도 많았어요. 사람마다 성향이 다르니 한 달 정도 사용해본 뒤 자신에게 적합한 애플리케이션을 선택해 활용할 것을 추천합니다.

신용카드와 체크카드, 똑똑하게 사용하자

수입이 생기면 신용카드를 발급받을 수 있습니다. 신용카드는 비교적 안정적인 수입이 있으니 당신의 미래 현금흐름을 믿고 미리 돈을 쓸 수 있게 해주는 것이라 할 수 있죠. 신용 대출(마이너스 통장) 역시 마찬가지입니다. 신용카드, 신용 대출은 이후에 다 갚아야 하는 돈이기 때문에 자신이 감당할 수 있는 범위 내에서 사용해야 합니다. 카드 연체, 대출 연체 등의 이벤트가 발생하면 금융기관에서는 더 이상 여러분을 '믿고' 돈을 빌려줄 수 없다고 판단해 신용등급(점수)을 하향 조정합니다.

은행, 카드사 등의 금융기관에서는 등급화, 점수화시킨 수치를 활용해 당신을 얼마나 '믿고' 돈을 빌려줄 수 있는지 결정합니다. 신용도는 연체 없이 신용카드를 잘 사용하는지, 공공요금 납부를 꼼꼼히 잘하는지 등 여러 데이터를 반영해 산출합니다. 기존에는 10개로 분류한 신용등급을 사용했는데, 2020년부터는 등급이 아닌 신용점수를 활용하고 있습니다. 신용등급 혹은 신용점수가 높을수록 대출 이자율이나 카드 한도 우대를 받을 수 있기 때문에 신용등급, 신용점수를 잘 관리할 필요가 있습니다.

그렇다면 신용카드와 체크카드는 어떻게 사용하는 것이 좋을까요? 신용카드는 감당할 수 없는 수준으로 사용하면 분명 문제가 되지만 할부, 할인, 적립 등의 혜택이 체크카드보다 훨씬 다채롭습니다. 다양한 혜택을 버리긴 아쉬우니 앞으로 말씀드릴 연말정산 비율을 고려해 신용카드를 잘 사용하기 바랍니다.

연말정산을 할 때 1년 동안 신용카드, 체크카드, 현금영수증을 통해 사용한 돈을 소득공제받을 수 있습니다. 다음 페이지의 도식을 볼까요?

총급여의 25% 이상 사용한 금액(초과분)에 대해 소득공제를 받을 수 있는데요. 총급여가 3,000만 원인 A가 1년 동안 1,500만 원을 사용했다면 25%인 750만 원의 초과분

● **연말정산 카드 사용 소득공제**

총급여 3,000만 원		
25% 750만 원	초과분	초과분은 체크카드 사용 체크카드 공제율 30%

- 25%까지는 신용카드 사용
- 할부, 할인, 적립 등 각종 혜택 있음
- 신용카드 공제율 15%

(750만 원)이 공제 대상이 됩니다. 여기서 750만 원을 신용카드로 사용하면 초과분의 15%를, 체크카드로 사용하면 30%를 공제받을 수 있게 되는 거죠. 각각 115만 원, 225만 원이기 때문에 2배가량 차이가 납니다.

결국 최적의 선택은 급여의 25%까지는 신용카드를 사용해 혜택을 받고, 초과분은 체크카드 혹은 현금영수증을 활용해 30%의 공제율을 적용받는 겁니다.

소비를 많이 한다고 해서 무한정으로 공제를 받을 수 있는 것은 아닙니다. 공제 한도가 정해져 있죠. 이 공제 한도는 연봉 수준에 따라 달라집니다. 연봉 7,000만 원 이하이면 300만 원, 7,000만 원 이상 1억 2,000만 원 이하이면 250만 원, 1억 2,000만 원 이상이면 200만 원까지 공제됩니다. 이 공제율과 한도는 정책적으로 달라지기도 하는데요. 2020년 코로나19 확산으로 소비가 위축되자 소비 진작을 꾀하기 위해 공제율을 80%로 상향하기도 했습니다.

이러한 뉴스와 비율을 참고해 본인 급여와 한도에 맞는 카드 사용을 계획해보는 것이 좋겠죠? C의 사례를 살펴봅시다. C의 총급여는 4,000만 원이고, 지난해 연말정산 결과 신용카드, 체크카드, 현금영수증 합산 사용액이 약 2,000만 원이었습니다. C가 신용카드 1,500만 원+체크카드 500만 원 조합으로 사용했을 때와 신용카드 1,000만 원+체크카드 1,000만 원 조합으로 사용했을 때의 공제율을 알아볼까요?

첫 번째 케이스는 신용카드 사용액 500만 원(전체 사용액 1,500만 원 중 총급여의 25%인 1,000만 원을 초과한 사용금액)의 15%인 75만 원, 체크카드 사용액 500만 원의 30%인 150만 원을 합산한 225만 원을 소득공제받을 수 있습니다. 두 번째 케이스는 체크카드 1,000만 원의 30%가 공제되므로 한도인 300만 원을 채울 수 있죠. 같은 금액을 사용한다 하더라도 어떻게 사용하느냐에 따라 공제액이 달라지기 때문에 세금도 달라집니다.

C의 소득공제 절세 효과를 소득세율 15%를 적용해 비교해볼까요? 첫 번째 케이스는 공제액 225만 원의 15%인 337,500원을, 두 번째 케이스는 300만 원의 15%인 45만

원을 아낄 수 있습니다.

'겨우 10만 원 차이네? 10만 원 때문에 매번 신용카드, 체크카드 사용액을 확인해 가면서 써야 해?'라고 생각할 수도 있습니다. 하지만 거꾸로 생각해보면 밥을 먹고, 옷을 사고 카드를 내미는 그 순간에 0.1초만 신경 쓰면 10만 원을 벌 수 있는 겁니다.

저는 '신용카드만, 체크카드만' 쓰지 말자라는 원칙하에서 할부가 필요할 때는 신용카드를, 일상적인 소비는 체크카드를 쓰는 단순한 방법을 적용하고 있어요. 그리고 10월쯤에 한 해 카드 사용 내역을 확인해보고, 신용카드를 너무 많이 썼으면 남은 달은 체크카드로만 생활합니다.

재테크는 귀찮음과의 싸움입니다. 처음에는 복잡하고 어렵게 느껴지지만, 일단 시작하면 좋은 습관이 되니 우리 함께 지출 관리를 해봅시다.

13월의 선물, 연말정산

연말정산이란?

월급이 들어오기 무섭게 카드회사가 내 계좌에서 돈을 빼가죠. 그런데 이보다 더 빠른 손이 있다는 사실을 알고 있나요? 바로 국가입니다. 애초에 우리 계좌에 들어오는 월급(근로소득)은 국가가 떼어가는 세금과 4대 보험료를 제한 금액입니다. 이렇게 1년 동안 여러분의 월급에서 미리 떼어간 세금을 두고 연말에 맞게 정산되었는지 확인하는 과정을 '연말정산'이라 합니다.

꼼꼼하게 다시 계산해 실제로 낸 세금이 많다면 많이 낸 만큼 돌려받고, 실제로 낸 세금이 적다면 적게 낸 만큼 추가로 납부해야 하죠. '13월의 선물'이라 불리는 연말정산은 진짜 선물이 아니라 내가 낸 세금을 돌려받는 과정이라고 생각하면 됩니다.

연말정산에서 야무지게 세금을 돌려받으려면 일단 나의 세금이 어떻게 결정되는지 알아야 합니다. 이 부분은 A to Z를 꼼꼼하게 공부할 필요는 없고 소득공제, 세액공제 등의 절세 혜택을 볼 수 있는 상품들을 이해하는 정도로만 알고 넘어가면 됩니다.

세금은 여러분이 벌어들인 연봉(총급여)을 기준으로 산정하는 것이 아니라 소득에서 여러 항목을 공제한 과세표준에 소득세율을 적용합니다. 이를 아래처럼 나타낼 수 있어요.

• 내 월급 중 실수령액과 세금은?

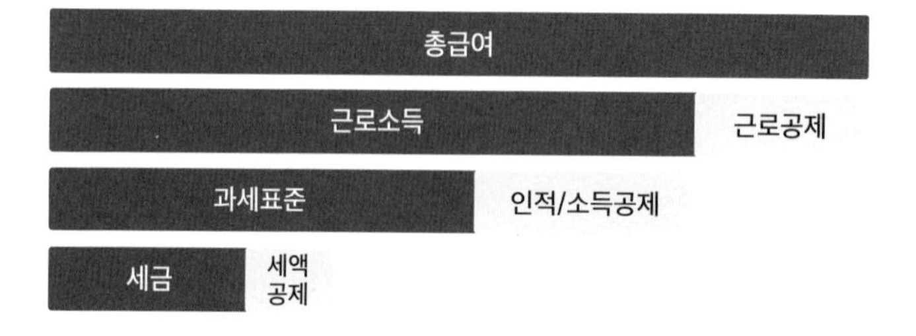

회사에서 받은 '총급여'에서 애초에 세금을 내지 않아도 되는 식비나 유류비 같은 비과세 항목을 빼고 기본 근로소득공제를 적용합니다. 기본 근로소득공제는 아무것도 하

지 않아도 기본적으로 소득에서 빼주는 항목이고, 이 결과로 나오는 금액이 바로 '근로소득'입니다.

근로소득에 인적공제, 연금보험료공제, 소득공제 등을 적용하는데요. '부양가족이 많아? 그럼 힘들겠네. 인당 150만 원은 네 소득이 아니라고 생각하고 빼줄게'라는 의미인 거죠.

근로소득에서 여러 공제 항목을 제외하면 과세표준이 산출되는데, 이 과세표준 금액에 소득세율이 적용되어 1차적으로 나의 세금이 결정됩니다.

● **소득세율 테이블** (2021년 기준)

과세표준	세율	누진공제
1,200만 원 이하	6%	0원
1,200만 원~4,800만 원 이하	15%	108만 원
4,800만 원~8,800만 원 이하	24%	522만 원
8,800만 원~1억 5,000만 원 이하	35%	1,490만 원
1억 5,000만 원 ~3억 원 이하	38%	1,940만 원
3억 원~5억 원 이하	40%	2,540만 원
5억 원~10억 원 이하	42%	3,540만 원
10억 원 초과	45%	6,540만 원

위 소득세율 테이블을 보고 '음, 내 연봉은 1억 원이니 35%의 소득세율을 적용받겠군'이라고 생각할 수도 있습

니다(1억 원이라니! 부럽네요.). 하지만 실제로는 1억 원에서 기본 근로소득공제로 약 1,500만 원을 공제하고, 개인 상황에 따라 추가 소득공제를 받을 수 있어 그 아래 단계인 24%의 세율을 적용받게 될 거예요. 이렇게 과세표준 금액에 세율을 적용해 산출된 세금에서 추가적으로 세액공제 항목을 확인해 최종적으로 세금을 결정합니다.

세액공제는 말 그대로 결정된 세금을 빼주는 것입니다. 절세 혜택으로 유명한 연금상품이나 의료비, 교육비 공제가 이에 해당해요. 이렇게 세액공제까지 적용하면 최종적인 나의 세금이 산출되고, 그동안 매월 월급에서 선납했던 세금과의 차액을 돌려받거나 납부하게 되는 것이죠.

절세상품 총정리

세금이 결정되는 과정을 쭉 살펴보았습니다. 결국 우리에게 중요한 것은 '어떻게 하면 연말정산에서 돈을 많이 돌려받을 수 있을까?'겠죠. 기본공제, 인적공제, 부양가족공제처럼 미리 정해져 있는 항목 외에 소득공제, 세액공제 항목을 챙겨야 합니다. 다음 페이지에 금융상품을 통해 공제받을 수 있는 항목들을 정리해보았어요.

- **소득공제와 세액공제**

	금융상품		그 외		
소득공제	주택청약	전세/담보대출 원리금 상환	기본공제	부양가족	소비
세액공제	연금		교육비	의료비	기부금

위 항목 중 주택청약은 아무나 소득공제를 받을 수 있는 것이 아닙니다. 앞서 이야기했듯 연봉이 7,000만 원 이하인 무주택 세대주인 경우에만 납입액의 40%를 공제받을 수 있어요. 조건이 까다로운 편이죠. 다른 절세상품들은 연말정산을 할 때 자동으로 홈텍스에 데이터가 저장되지만, 주택청약은 은행에서 관련 서류를 떼 회사에 제출해야 소득공제를 받을 수 있습니다. 조건을 만족하는 분들은 '주택청약 소득공제 서류(무주택 확인서, 납입 증명서 등 필요 서류가 달라질 수 있으므로 포털 사이트에 검색해 한 번 더 체크하는 것이 좋습니다.)'를 제출해 혜택을 받으세요.

전세/담보대출 원리금 상환은 '주택자금공제'라 부르는데요. 전세대출을 받은 경우, 원리금 상환액의 40%를 300만 원까지 공제받을 수 있습니다. 예를 들어, 전세대출을 받고 500만 원을 상환했다면 500만 원의 40%인

200만 원을 소득에서 공제하게 됩니다. 세율 15%를 가정하면 30만 원을 절세하는 효과가 있는 거죠. 주택담보대출을 받은 경우도 이자 상환액을 공제받을 수 있습니다. 다만, 주택담보대출은 주택의 기준시가가 5억 원 이하인 경우에만 공제되고, 대출 시기에 따라 조건과 공제 한도가 달라집니다.

연금저축과 IRP의 개인 추가 납입분에 대해서도 세액공제를 받을 수 있습니다. 연금상품은 노후 대비도 하면서 세액공제 혜택을 받을 수 있는 쏠쏠한 상품입니다. 연금저축은 연 400만 원까지, IRP는 연금저축의 한도를 합쳐 700만 원까지 세액공제가 가능한데요.

예를 들어, 연금저축과 IRP에 월 20만 원씩 납입한다면 연금저축 240만 원, IRP 240만 원, 총 480만 원에 대해 세액공제를 받을 수 있습니다. 같은 금액이지만 연금저축에만 월 40만 원을 납입해 480만 원을 채워 넣은 경우는 한도가 400만 원이기 때문에 초과분인 80만 원에 대해서는 공제를 받지 못하죠. 이 공제액에 일정 비율을 곱한 금액을 결정된 세금에서 빼주게 되는데, 이 비율은 연봉에 따라 달라집니다. 5,500만 원 이하 연봉을 받는다면 15%(지방소득세를 합하면 16.5%)를, 초과한다면 12%(지방소득세를 합하면 13.2%)를 곱해주면 됩니다. 5,000만 원의 연봉을 받으며 연금저축에 480만 원을 납입한다면 79만 2,000원의 세금을 돌려받게 됩니다. 엄청난 절세 효과죠?

다만, 연금 관련 상품은 세액공제만을 바라고 너무 큰 금액을 납입해서는 안 됩니다. 연금상품은 노후 대비를 위한 것이죠. 55세 이후에 지정한 나이부터 연금을 수령할 수 있는 초장기 상품이라는 특징을 생각할 필요가 있어요. 연금저축에 큰 금액이 쌓여 있으면 중간에 돈이 필요한 상황이 생길 경우 중도 해지를 할 가능성이 큽니다. 이때 납입액의 16.5%의 기타소득세가 부과되기 때문에 사실상 그동안 받은 세금 혜택을 모두 토해내게 됩니다.

연말정산에서 소득공제, 세액공제를 받는 것 외에 절세 효과를 누릴 수 있는 상품이 있는데, 그것은 바로 비과세 상품입니다. 예적금 이자율이 1%대인데 이자에도 15.4%의 이자배당소득세를 내야 합니다. 채권 이자나 주식 투자를 통해 받는 배당금에도 15.4%의 세금이 붙죠.

대표적인 비과세 상품은 '절세 만능 통장'이라 불리는 ISA입니다. 이는 ISA 계좌를 개설하고 이 계좌를 통해 투자하는 예적금이나 채권, 펀드 등에 비과세 혜택(200만 원까지 비과세, 초과분은 9.9% 분리과세)을 주는 상품이죠.

2021년에 추가로 출시된 중개형 ISA는 기존 신탁형, 일임형 상품과 달리 ETF나 주식에도 투자가 가능해 배당주 투자자들의 관심을 한 몸에 받고 있습니다. 또한 의무 가입 기간이 3년으로 단축됐고, 계좌 내 수익과 손실을 통산할 수 있다는 장점이 있습니다.

그 외에는 상호금융권 조합예탁금과 보험사의 저축성보험이 있는데요. 상호금융권 조합예탁금은 2020년까지 비과세 이후 단계적으로 저율(5%, 9%) 과세되고, 저축성보험은 개별 상품마다 다른 비과세 요건을 만족했을 경우 보험차익에 대해 비과세 혜택을 받을 수 있습니다.

연말정산을 할 때는 소득이 높을수록 소득공제 항목을 우선적으로 챙겨야 합니다. 앞서 살펴봤듯 세율이 매겨지는 과세표준을 경계 아래로 내리면 적용되는 세율을 낮출 수 있습니다.

또한 맞벌이 부부의 경우, 의료비는 총수입의 n% 이상 사용한 금액을 세액공제받을 수 있기 때문에 소득이 낮은 사람에게 몰아주는 것이 유리해요. 보편적인 항목이 아니라 따로 정리하지 않았지만 '중소기업 취업 청년 소득세 감면' 등 특정 조건을 만족하면 세제 혜택을 볼 수 있는 제도도 많습니다. 꼼꼼히 알아보시고 놓치지 마세요.

돈을 좀 모았는데, 이제 뭘 해야 할까?

재테크 로드맵을 만들자

'저는 서른 살입니다. 지금까지 3,000만 원을 모았는데, 뭘 어떻게 해야 할까요?

인터넷 게시판을 통해 이런 질문을 하는 분들을 자주 봅니다. 아무래도 주변 사람들과 돈이나 재테크 이야기를 툭 터놓고 하기 어려워 인터넷 게시판을 이용하는 것이겠죠. 개인마다 수입과 지출 등의 상황이 다르고 딱히 정해진 정답은 없지만 저에게도 이런 질문을 주신 분들이 많아 곰곰 생각해봤습니다. 그리고 개인적으로 '자산 규모에 따라 이렇게 투자 공부를 하고 실행해보면 좋을 것 같다'라는 마음에 다음과 같이 재테크 로드맵을 만들어봤습니다.

• **재테크 로드맵**

처음에는 모두 자산이 0원인 상태로 시작합니다. 당연한 이야기이지만 처음엔 원금 보장이 되는 예적금을 통해 목돈을 모아야 합니다. 그러다 자산 규모가 2,000~3,000만 원가량 되면 예적금만으로 돈을 불려서는 안 됩니다. 공부를 하며 소액으로 주식, 채권, 펀드, ETF 등에 투자를 시작해보는 것이 좋죠. 이 시기는 큰 수익을 내는 것이 목적이 아니라 나의 위험 성향과 투자 스타일을 알아보기 위한 시간이라 생각해야 합니다.

투자는 특히 경험이 중요합니다. 백만 원 단위의 돈을 위험자산에 투자했는데 마인드 컨트롤이 안 된다면 나중에 자산 규모가 커져 몇 천 혹은 몇 억 단위의 돈을 굴려야 하는 상황에서는 더욱더 이성적인 판단을 하기 힘들 수도 있습니다. 지금 우리는 50~60대가 되어 몇 억 원 단위의 투자를 하게 될 씨앗을 뿌리고 있는 중입니다.

이후 자산 규모가 5,000만 원 이상이 되면 노후 대비에도 관심을 갖는 것이 좋습니다. 재테크 강의를 하면서 가장 안타까웠던 사례가 자산도 적고 월급에서 지출을 제한 여유 금액이 50만 원이 채 안 되는 분이 노후 대비를 위한 연금형 상품에 30만 원 이상을 납입하고 계신 경우였어요. 100세 시대이기에 노후를 대비하는 것이 중요하지만, 연금형 상품들은 55세 이후에 수령할 수 있는 초장기 상품이기 때문에 일단 종잣돈부터 마련해야 하는 사회 초년생에게는 그 중요도가 상대적으로 낮습니다. 앞으로 목돈이 들어갈 일이 많아 중도 해지할 가능성도 크고요. 따라서 어느 정도의 목돈을 마련한 후 노후 대비로 눈을 돌리는 것이 바람직합니다.

자산 규모가 억 단위가 되면 비교적 큰 종잣돈이 필요한 부동산 공부를 시작하는 것이 좋습니다. 물론 자산이 더 적은 상태에서 부동산 공부를 해도 되지만 '늦어도 이 시점부터는 내 집 마련을 위한 부동산 공부를 준비하는 게 좋겠다'라는 의미입니다. 부동산은 실물자산이기에 이후에 말씀드릴 주식, 채권 등의 투자처와 다른 성격을 갖는데요. 규제의 영향을 많이 받고, 비교적 투자 기간이 길며, 많은 투자금이 필요하기 때문에 충분한 준비가 필요합니다.

재테크 목적을 세우고, 로드맵을 만들고, 아끼고 모아 종잣돈을 만들었다면 본격적인 투자를 시작할 차례입니다.

"이제 제대로 재테크를 시작해보려는데, 선택지가 너무 많아 머리가 아파요."

이렇게 하소연하는 목소리가 제 귓가에 들리는 듯합니다. 그런 여러분을 위해 아래와 같이 다양한 종류의 투자처를 정리했습니다. 은행이나 증권사에 방문해서 혹은 주변 사람들로부터 한 번쯤 들어본 투자처일 것입니다.

• **다양한 종류의 투자처**

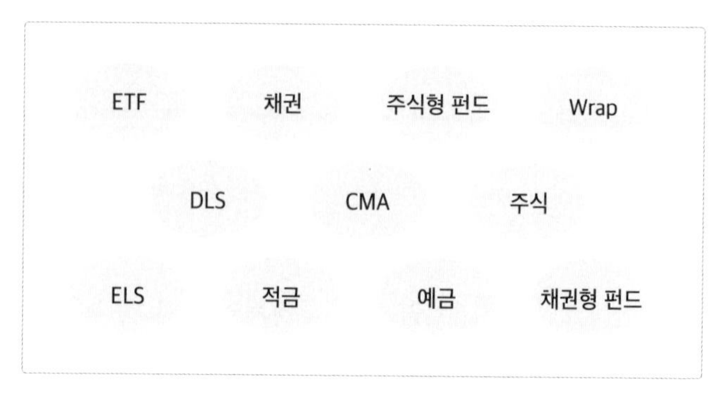

적금과 예금처럼 익히 알고 있는 투자처도 있고, 너무나 생소한 투자처도 있죠? 이번에는 카테고리와 위험도에 따

라 재정리해 살펴볼까요?

● **어떤 상품을 선택해야 할까?**

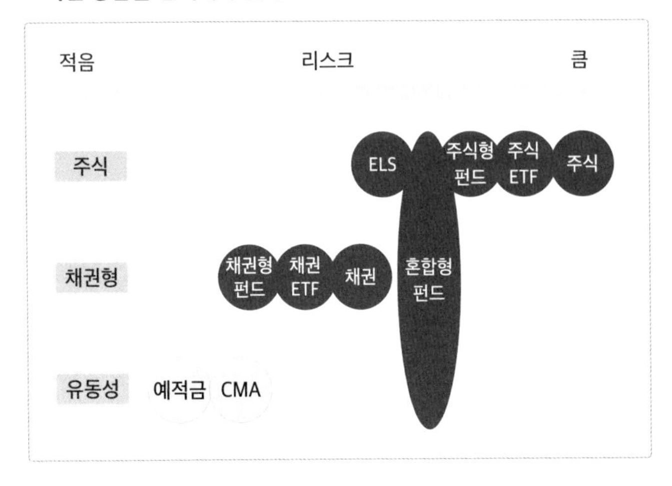

주식형, 채권형, 유동성으로 상품 카테고리(자산)를 분류했고, 유형에 맞게 투자처를 나열했습니다. 상단에 화살표가 보이시죠? 오른쪽으로 갈수록 리스크가 큰 투자처라 생각하면 됩니다. 음식으로 비유하면 가장 왼쪽에 있는 예적금은 베트남 쌀국수와 같은 순한맛 투자처이고, 가장 오른쪽에 있는 주식은 불닭볶음면 같은 매운맛 투자처입니다. 노란색으로 표시한 것은 원금 보장이 되는 투자처, 파란색으로 표시한 것은 원금 보장이 되지 않는 투자처입니다.

보통 예적금만 하다 투자를 해보고 싶어 주식 투자를 시작하는 분들이 많은데요. 어느 정도 매운맛을 즐기고 싶을 때 불닭볶음면 말고도 선택할 수 있는 음식이 많은 것처럼 펀드, 채권 ETF, ELS 등 다른 선택지를 통해 위험도를 조금씩 높여가는 것이 좋습니다.

자, 지금까지 재테크의 기본기를 다져보았습니다. 알고만 있는 것은 아무 소용이 없습니다. 행동으로 옮겨야 진정한 재테크의 시작이죠. 다음 페이지에 있는 행동 노트를 꼭 활용하세요.

1주차 행동 노트

지금 우리에게 필요한 건 행동! 지금 바로 시작하세요.

• 나의 재무상태표 작성하기

나는 3년 후인 ______세까지 ___________만 원의 자산을 모으겠습니다. 계획대로 저축/투자를 실행한다면 자산 중 위험자산 투자 비율은 _____%이며, 현금화가 쉬운 유동자산 비율은 _____%입니다. 현재 계획에서 보완해야 할 점은 _________________________입니다.

• 증권사의 CMA 계좌 개설하기

나는 ________에서 연 수익률 _____%의 CMA 계좌를 개설했습니다.

• 가장 높은 이자율을 제공하는 예적금 상품 찾기

'금융상품 한눈에'와 '마이뱅크'를 통해 알아본 결과, 내게 가장 높은 이자율을 제공하는 상품은 ____________________의 연 이자율 _____% 예적금 상품입니다.

• 청약통장 개설 후 월 납입액 설정하기

나는 _________은행에서 청약통장을 개설했으며, 앞으로 월 _____만 원씩 납입할 계획입니다. 납입금을 ___________만 원으로 정한 이유는 __________________________때문입니다.

- **청약홈에서 청약 정보 확인하기**

내가 관심을 갖고 있는 ____지역의 ____청약 경쟁률은 ____이며, 당첨 평균 가산점은 ____점입니다. 나의 가산점을 계산해본 결과 ____점입니다.

- **가계부 애플리케이션 선택하기**

효율적인 지출 관리를 위해 사용하기로 결정한 애플리케이션은 __________이며, __________를 선택한 이유는 __________때문입니다.

- 고정 지출, 변동 지출 중 줄일 수 있는 항목 확인하기

____

____

____

- **연말정산 확인하기(주택청약을 통해 소득공제를 받을 수 있는지, 세액공제를 받을 수 있는 연금상품을 가지고 있는지 등을 기록해봅시다.)**

____

____

____

memo

2주차

곱하기(x), 투자의 기본기 잡기

2주차에는 재테크의 기본이 되는 채권과 주식 투자에 대해 이야기해보려 합니다. 삼성전자의 주식을 산다는 건 어떤 의미인지, 채권 투자를 할 때 어떤 것들을 체크해야 하는지, 해외 투자 시 알아두어야 할 것은 무엇인지 하나하나 알아보며 기본기를 탄탄하게 다져봅시다.

투자의 순한맛, 채권

바이든이 돈을 빌린다고?

미국 대통령 바이든이 여러분을 찾아와 나랏일에 쓴다며 돈을 빌려달라고 한다고 가정해봅시다. 여러분은 빌려줄 건가요? 빌려줄 것이라면 혹은 빌려주지 않을 것이라면 그 이유는 무엇인가요?

바이든님이 챔님 외 9,999+명을 초대했습니다.

제가 국가를 운영하는 데 돈이 필요해요.
혹시 빌려주실 분 있나요?
이자도 꼬박꼬박 드리고 만기도 다양해요.
아시죠? 미국은 절대 망하지 않아요.
믿고 빌려주셔도 됩니다~

'갑자기 무슨 뜬금없는 소리야!'라고 생각하진 않았나요? 그런데 만약 여러분이 돈을 빌려주기로 결정했다면 여러분은 미국 국채에 채권 투자한 투자자가 되는 것입니다.

채권은 국가 또는 회사가 제3자에게 돈을 빌리면서 그 증거로 주는 증표입니다. 즉 바이든(미국 정부)에게 돈을 빌려준다면 여러분은 그에 대한 거래 정보가 담겨 있는 증표인 채권을 받게 됩니다.

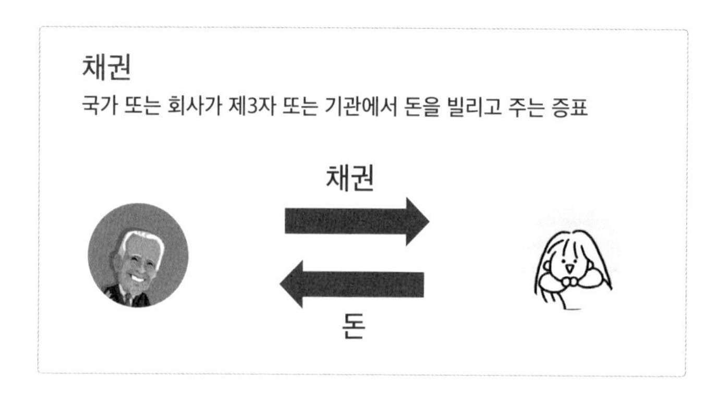

채권에는 여러 종류가 있습니다. 돈을 빌려간 채권 발행자가 국가이면 '국채', 회사이면 '회사채'라 부르죠. 회사채는 신용등급에 따라 하이일드 채권(리스크가 높아요!), 정상채권(비교적 안정적) 등으로 이름 붙이기도 하고, 만기 기간에 따라 단기채, 중기채, 장기채로 구분하기도 합니다. 만약 여러분이 바이든에게 10년간 돈을 빌려주기로 했다면 미국 10년 만기 국채, 장기채에 투자한 채권 투자자가 되는 것입니다.

자, 그럼 큰맘 먹고 미국 국채에 10만 달러(한화 약 1억 1,000만 원)를 투자했다고 가정해볼게요. 쉽게 말해, 10만 달러를 미국 정부에 빌려준 거죠. 이때 10년 후에 원금을 돌려받기로 하고, 매년 3%의 이자를 받기로 했습니다.

그런데 3년 정도 되었을 때 너무 급하게 10만 달러가 필요하다면 어떻게 해야 할까요? 돈을 빌려준 사람을 찾아가 "미안한데, 약속을 깨야 할 것 같아. 내 돈을 돌려줬으면 좋겠어"라고 말할 건가요?

이럴 때는 중고시장과 유사한 채권 유통시장을 활용하면 됩니다. 채권 유통시장에는 중간에 채권을 팔고 싶은 사람도 있고, 처음에 투자하지 못했지만 중간에 채권을 사고 싶은 사람도 있습니다. 유통시장은 이 두 사람을 연결시켜주는 곳이에요. 유통시장에서 내가 가지고 있는 채권이라는 종이를 다른 사람에게 팔고 현금화시킬 수 있습니다. 채권을 사간 사람은 여러분 대신 정해진 돈(이자, 원금)을 받는 것이고요.

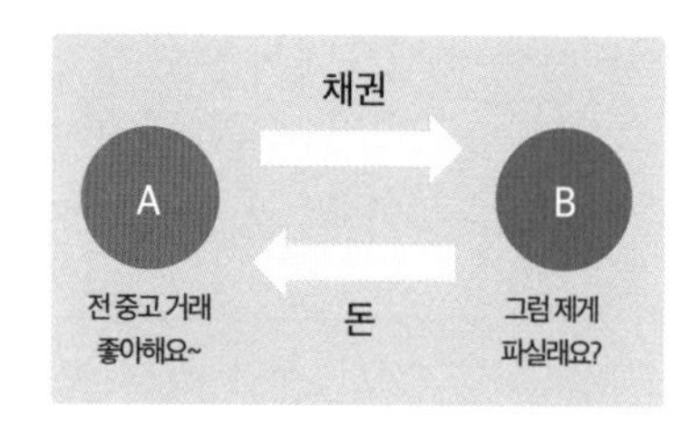

채권 매매를 한다면 유통시장에서 거래!
원금 보장은 안 되지만 주식보다 리스크가 낮다.

개인인 우리가 투자하는 채권은 대부분 유통시장에서 거래됩니다. 만기까지 기다리지 않아도 중간에 얼마든지 채권을 사고팔 수 있고, 유통시장에서의 가격에 따라 채권 가치가 계속해서 달라지죠. 내가 가지고 있는 것은 10년 만기, 이자율 3%, 원금 10만 달러짜리 채권이지만 투자자에게는 유통시장에서 지금 당장 채권을 처분할 때 가격이 얼마인지가 더 중요합니다.

미국 국채를 2개월 전에 10만 달러에 매수해 오늘 9만 달러에 팔았다면 채권의 기본 구조와 상관없이 손실이 난 것이고, 반대로 세상이 혼란해져 안전자산인 미국 국채에 대한 수요가 높아지면 채권 가격은 크게 상승합니다. 이처럼 채권은 언제 사고파느냐, 즉 매매 타이밍에 따라 이자율을 뛰어넘는 수익을 거둘 수도 있고, 반대로 손실이 날 수도 있습니다.

물론, 여러분이 채권을 만기까지 보유한다면 처음 투자

할 때 약속했던 만기수익률만큼의 수익을 올릴 수 있습니다. 채권은 특이하게 가격이 아닌 수익률로 표기를 합니다. 아래 그림을 함께 볼까요? 미국 국채 10년물을 가격이 아닌 수익률 0.729%로 표기했죠. 이는 이 채권의 이자율, 이자 지급 간격, 원금과 현재 가격 등을 만기수익률로 압축해놓은 것입니다. 만기수익률이 3%라는 의미는 '네가 지금 이 채권에 투자해 보유하면 이자를 받을 수 있고, 나중에 만기가 되어 원금을 돌려받으면 3%의 수익률을 올릴 수 있어'라는 뜻입니다.

● **가격이 아닌 수익률로 표기한 미국 국채 10년물**

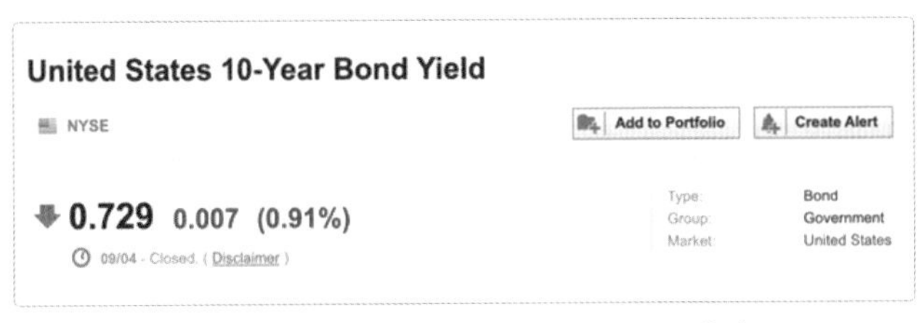

출처: investing.com

그렇다면 채권은 왜 가격이 아닌 수익률로 표기하는 것일까요? 채권의 특성 때문입니다. 시장에서 똑같이 9만 달러에 거래되는 채권 A와 B는 현재 가격만 보고 매매할 수 없습니다. 채권마다 이자율과 이자 지급 간격이 다르기 때문이죠. 만기가 5년 남아 앞으로 5년 동안 이자를 받을 수 있는 채권과 당장 다음 달에 만기인 채권은 가격이 다릅니다. 이렇게 채권마다 앞으로의 현금흐름이 다르기 때문에 지금 투자하는 돈 대비, 앞으로 채권이 어느 정도 수익을 가져다줄 것인지 나타내는 '수익률'을 기준으로 보는 것이 좀 더 직관적입니다.

여기서 채권 가격과 수익률은 반대로 움직인다는 중요한 개념을 기억해야 합니다. 채권 가격은 채권에서 나올 정해진 현금흐름(원금과 이자)을 얻기 위해 현재의 내가 지불해야 하는 돈입니다. 채권수익률이 올라간다는 것은 채권 투자를 해 얻을 수익이 많아진다는 뜻이죠.

그런데 채권은 앞으로의 현금흐름이 정해져 있기 때문에 수익이 많아지려면 거꾸로 초기 투자금이 덜 들어가야 합니다. 채권 가격이 하락해야 하는 것이죠. 반대로 채권수익률이 하락하면 같은 현금흐름을 얻기 위해 더 많은 돈을 초기에 투자해야 한다는 뜻이기 때문에 채권 가격은 올라가게 되는 것이고요.

따라서 채권은 투자한 뒤 채권수익률이 하락할수록 채권 가격이 올라 돈을 벌게 되는 것입니다. 만기 보유 전략이 아닌 적극적인 매도·매수를 통해 수익을 올리려면 채권수익률이 높을 때 사서 낮을 때 파는 전략을 취해야 합니다.

정리하면, 채권은 누군가에게 돈을 빌려주고 받는 증표입니다. 이 채권을 만기까지 보유하고 있다가 약속한 이자와 원금을 받아도 되지만, 유통시장에서 자유롭게 거래할 수도 있습니다. 이때 매매 타이밍에 따라 채권을 싸게 사서 비싸게 팔면 이자보다 큰 수익을 낼 수도 있고, 반대로 손실이 날 수도 있죠. 다만, 채권은 주식과 비교했을 때 리스크가 낮은 투자처입니다. 유통시장에서의 채권 가격 변화와 상관없이 주기적으로 이자를 받을 수 있고, 만기까지 보유하고 있으면 매수할 때 확인한 만기수익률만큼의 수익을 거둘 수 있기 때문입니다.

자, 그럼 이제 유통시장에서 채권 가격 변화에 영향을 주는 요소에 대해 이야기해볼까요?

채권 가격에 영향을 주는 것들

채권 가격은 어떻게 변할까요? 시장에서 채권을 사려는 사람(수요)이 팔려는 사람(공급)보다 많으면 채권 가격이 오를 것입니다. 이 수요와 공급에 영향을 주는 요인은 매우 다양합니다. 그중 가장 중요한 변수인 기준금리에 대해 이야기해보도록 할게요.

뉴스 등에서 '기준금리가 동결되었습니다', '경기가 둔화되어 기준금리를 내리기로 결정했습니다'와 같은 내용을 한 번쯤 들어보셨을 거예요. 기준금리는 한국은행이 결정하는 정책금리로, 예금이나 대출금리의 기준이 되는 금리를 말합니다. 우리가 예금상품에 가입하거나 대출을 받을 때, 기업이 투자금이 필요해 은행에서 대출을 받거나 회사채를 발행해 투자금을 모을 때 그 대가로 이자를 지급하는데, 그 이자율에 대한 가이드, 기준이 되는 금리가 기준금리라고 생각하면 됩니다.

기준금리가 내려갈수록 채권 가격은 상승합니다. 간단히 예를 들어 설명해볼게요. 어제까지의 기준금리는 5%였습니다. 이에 연동해 어제 발행한 A회사의 채권은 채권 투자자에게 6%의 이자를 주기로 했어요. A회사의 회사채를 들고 있는 사람은 만기가 될 때까지 꼬박꼬박 6%의 이자를 받을 수 있게 된 것이죠. 그런데 극단적으로 오늘 기준금리가 1%로 내려갔다면 상황이 어떻게 달라질까요? 이제 채권을 통해 돈을 빌릴 회사들은 6%의 이자율을 적용하지 않을 거예요. 기준금리가 내려갔으니 이에 연동해 2~3%의 이자를 주겠다고 하겠죠. (정말 부실하고 돈을 갚을 수 있을까 걱정이 될 지경인 회사는 이 상황에서도 6%의 이자를 주고 돈을 빌리겠지만, 이 사례에서는 신용도가 유사하다고 가정하겠습니다.) 이렇게 기준금리가 내려가 2~3%의 이자를 주는 채권이 대부분인 세상이 되면 이자를 6%씩 받을 수 있는 기존 채권의 가격은 상승하게 됩니다.

실제로 2008년 금융위기 이후, 미국을 비롯한 많은 글로벌 국가가 경기 회복을 위해 금리를 0% 가까이 낮추었고, 최근까지 10년간 저금리 환경이 유지되었습니다. 이렇게 금리가 계속해서 내려가 미국 국채 가격은 매년 상승해 사상 최고치를 찍었습니다. 실제 채권시장에는 만기까지 채권을 보유하는 전략을 취하는 투자자가 거의 없습니다. 유통시장에서의 금리 변화에 따라 채권 가격 상승 혹은 하락을 노리고 투자하죠. 국가의 정책금리인 기준금리는 국채, 회사채, 단기채, 장기채 할 것 없이 채권시장 전체에 영향을 미치기 때문에 여러분이 국채에 투자하든 회사채에 투자하든 꼭 눈여겨보아야 합니다.

여러분이 만약 은행이라면

이번에는 채권시장에 영향을 주는 또 다른 요인이자 괜찮은 채권을 골라내는 데 길잡이가 되어줄 신용등급에 대해 알아봅시다.

채권에 투자해 돈을 준다는 건 내가 은행이 되어 채권 발행자에게 돈을 빌려주는 개념이죠. 즉 채권을 고르는 것은 자신이 은행이 되어 누구에게 돈을 빌려줄지 정하는 것과 같아요. 여러분이 은행이라면 무엇을 기준으로 평가할 건가요? 은행은 자신에게 돈을 빌려간 사람이 그 돈으로 무엇을 하든 상관하지 않습니다. 상대가 정해진 이자를 제대로 납입하고 최종적으로 원금만 돌려주면 되는 것이죠. 최악은 내가 돈을 빌려준 상대가 "네가 빌려준 돈을 갚지 못할 것 같아!"라고 선언하고 망하는 디폴트(채무불이행) 상황이 발생하는 것입니다. 따라서 발행 주체가 얼마나 안정적이고 건실한지 파악하는 것이 중요하겠죠?

안정성과 건전성은 신용등급을 확인하면 됩니다. 은행은 누군가가 대출을 희망하면 개인의 신용등급을 확인합니다. 신용등급에 따라 대출 이자율과 한도가 달라지죠. 그 사람의 여러 가지 정보를 기반으로 신용등급을 부여하듯 회사나 국가에도 신용등급이 매겨집니다. 그렇다면 신용등급은 누가 매길까요? 3대 국제신용평가사인 무디스(Moody's), S&P(Standard & Poor's), 피치(Fitch)가 등급을 부여합니다. 신용등급 체계는 다음 표와 같은데요. 신용등급이 높을수록 투자 리스크가 낮고, 채권이 제공하는 수익률도 낮습니다.

• **신용등급**

등급 분류	등급	S&P (21등급)	무디스 (21등급)	피치 (24등급)
투자 적격	1	AAA	Aaa	AAA
	2	AA+	Aa1	AA+
	3	AA	Aa2	AA
	4	**AA-**	Aa3	**AA-**
	5	A+	**A1**	A+
	6	A	A2	A
	7	A-	A3	A-
	8	BBB+	Baa1	BBB+
	9	BBB	Baa2	BBB
	10	BBB-	Baa3	BBB-
투자 부적격	11	BB+	**Ba1**	BB+
	12	BB	Ba2	BB
	13	BB-	Ba3	BB-
	14	**B+**	B1	B+
	15	B	B2	B
	16	B-	B3	**B-**
	17	CCC+	Caa1	CCC+
	18	CCC	Caa2	CCC
	19	CCC-	Caa3	CCC-
	20	CC	Ca	CC
	21	D(SD)	C	C
	22			DDD
	23			DD
	24			D

출처: S&P, 무디스, 피치

트레이딩 이코노믹스(ko.tradingeconomics.com)에 접속하면 3대 국제신용평가사가 평가한 결과를 확인할 수 있습니다. 다음은 가장 우량한 국가라 평가받고 있는 미국의 신용등급을 정리한 표입니다.

● **미국의 신용등급** (2021년 5월 기준)

평가사	등급	전망	평가일
피치	AAA	negative	2020.7.31
DBRS	AAA	stable	2014.4.22
피치	AAA	stable	2014.3.21
피치	AAA	negative watch	2013.10.15
DBRS	AAA	under review	2013.10.9
무디스	Aaa	stable	2013.7.18
S&P	AA+	stable	2013.6.10

출처: 트레이딩 이코노믹스

신용등급은 등급(rating)과 전망(outlook)으로 구성됩니다. '등급'은 중장기 디폴트 가능성을 고려해 현 상황에 대한 평가를 담고, '전망'은 등급이 어떻게 변할 것인가에 대한 의견을 담습니다. 'positive'는 해당 국가의 등급이 올라갈 수 있다는 의미이고, 'negative'는 향후 신용등급이 내려갈 수 있다는 의미입니다. 2011년 미국의 신용등급이 하락해 전 세계 금융시장에 충격을 주었던 것처럼 신용등급 자체만큼이나 그 변화도 중요한 의미를 지닙니다.

이번에는 국가가 아닌 회사의 신용등급을 확인해봅시다. 우리나라에는 3곳의 신용평가사(나이스신용평가, 한국기업평가, 한국신용평가)가 있습니다. 이 회사들이 개별 기업의 신용등급을 제공하죠. 한국신용평가(www.kisrating.com)에 접속해 내용을 살펴볼까요? 기업별로 현재 등급이 나와 있고, 오른쪽 '리포트'에 그 근거인 평가 의견 보고서가 첨부되어 있습니다. 신용평가사는 경제나 회사 업황 변화에 따라 신용등급을 변경합니다.

호텔신라를 예로 들어볼게요. 신용평가사는 호텔신라의 회사채(SB)에 대해 'AA(안정적)'로 평가했다가 2020년 4월 9일 'AA(부정적)'로 등급을 변경했습니다.

• 호텔신라의 신용평가

회사명	채권종류	회차	발행액(억원)	만기일	평가종류	직전등급 Outlook	현재등급 Outlook	평가일	리포트
GS	SB	19	2,000	2023.04.27	본		AA 안정적	2020.04.09	S
금호석유화학	SB	154-2	500	2024.04.29	정기	A 안정적	A 안정적	2020.04.09	S
부산은행	HB	(신종)17-11이30A-07	100	2043.11.07	정기	AA 안정적	AA 안정적	2020.04.09	S
부산은행	SBS	(후)17-09이10A-10	1,000	2023.09.10	정기	AA+ 안정적	AA+ 안정적	2020.04.09	S
부산은행	SB	2019-11이2.5A-04	1,000	2022.05.04	정기	AAA 안정적	AAA 안정적	2020.04.09	S
부산은행	COCOT2	조건부(상)(후)19-03이10A-04	1,000	2025.03.04	정기	AA 안정적	AA 안정적	2020.04.09	S
부산은행	COCOT1	조건부(상)21-07이(신)영구A-24	1,500	2099.12.31	정기	AA- 안정적	AA- 안정적	2020.04.09	S
신한금융지주회사	SB	134	1,400	2025.04.22	본		AAA 안정적	2020.04.09	S
오리온	SB	103-2	500	2022.11.06	정기	AA 안정적	AA 안정적	2020.04.09	S
오리온	SB	104	700	2023.04.23	본		AA 안정적	2020.04.09	S R
호텔신라	SB	69-2	1,200	2022.05.29	정기	AA 안정적	AA 부정적	2020.04.09	S R

출처: 한국신용평가

신용등급 보고서를 살펴보면 호텔신라가 발행한 회사채에 대해 등급을 변경한 이유를 확인할 수 있는데, 코로나19 확산으로 여행, 호텔, 면세 사업 등이 힘들어져 호텔신라의 영업 실적이 부진해질 가능성이 크기 때문입니다. 이럴 때는 기업이 빌린 돈에 대한 이자나 원금 상환이 부담스러울 수 있겠죠.

신용평가사는 이렇게 기업의 안정성과 건전성에 이슈가 생길 수 있는 상황을 반영해 등급을 조정합니다. 신용등급에 부정적 변화가 생기면 리스크가 높아졌다는 뜻이기 때문에 보통 채권 가격은 하락합니다.

• 호텔신라의 신용등급 보고서

Executive Summary

한국신용평가(이하 '당사')는 2020년 4월 9일 호텔신라(이하 '동사')의 무보증사채 신용등급을 AA로 유지하고 등급전망을 '안정적'에서 '부정적'으로 변경하였다.

신용등급 변동 내역

	변경 전		변경 후	
	등급	Outlook	등급	Outlook
무보증사채	AA	안정적	AA	부정적

등급전망 변경 사유

첫째, 코로나19 확산에 따라 호텔 및 면세시장 수요가 급격히 저하되었다.

둘째, 2020년 영업실적이 크게 부진할 것으로 예상되며, 코로나19 종결 이후 영업실적 회복 속도와 폭이 불확실하다.

셋째, 2020년 영업부진에 따른 차입부담 확대가 예상되며, 향후 투자 규모와 시기 조절 등을 통한 재무안정성 유지 여부에 대한 모니터링이 필요하다.

출처: 한국신용평가

자, 다시 한 번 정리해봅시다. 채권은 돈을 빌려준 증표입니다. 돈을 빌려준 대상, 만기, 이자율, 원금 등이 적혀 있죠. 돈을 빌려주고 만기까지 기다렸다가 이자와 원금을 받아도 되지만, 그 전에 유통시장에서 채권을 거래할 수 있습니다. 개인이 투자하는 대부분의 채권이 유통시장의 채권이기 때문에 채권을 볼 때는 발행 주체와 만기수익률을 반드시 확인해야 합니다. 내가 은행이 되어 누구에게 돈을 빌려줄 것인지, 만기까지 보유했을 때 기대할 수 있는 수익률이 얼마인지를 확인해야 하죠. 또한 채권시장 전체에 영향을 미치는 기준금리 추이와 내가 고른 채권 발행 주체의 신용등급을 살펴보는 것이 좋습니다.

요점 정리

채권은 여러분이 은행이 되어 국가 혹은 회사에 돈을 빌려주는 개념이에요.
1) 돈을 빌려주는 대상이 믿을 만한지 신용등급을 확인하고
2) 만기와 이자율을 확인해
투자할 채권을 고르면 됩니다. 보통 채권 ETF나 펀드를 통해 많이 투자합니다.

☻ **채권 투자가 적합해요!**
비교적 리스크가 적은 투자처를 원하는 사람

☹ **채권 투자가 별로예요!**
주식, 비트코인 등 롤러코스터처럼 오르락내리락하는 투자에서 즐거움을 느끼는 사람

투자의 매운맛, 주식

한 회사의 주식을 산다는 것은

주식은 채권과 달리 많은 사람이 친숙하게 느끼는 대표적인 재테크 수단입니다. '삼성전자'를 통해 주식 투자를 처음 시작하신 분들이 많을 거예요. 코로나19로 주식시장이 급락을 거듭할 때 수많은 개미(개인 투자자)가 삼성전자 주식을 매수하는 '동학개미운동'이 화제였죠. 증권사 계좌를 만들고 버튼을 몇 번 클릭하면 쉽게 삼성전자 주주가 될 수 있습니다. 이렇게 삼성전자 주식을 사서 주주가 된다는 것은 어떤 의미일까요?

결론부터 말하면, 삼성전자 주식을 산다는 것은 삼성의 회장님과 동업자가 된다는 뜻입니다. 앞서 이야기한 채권과 비교해 설명해볼까요? 채권은 회사가 돈이 필요할 때 만기, 이자율을 정하고 은행에서 돈을 빌리듯 채권 투자자에게 돈을 '빌리는' 개념이죠. 그런데 회사가 아무리 영업을 잘하고 돈을 많이 벌어도 채권 투자자에게는 그 수익에 대한 권리가 없습니다. 채권 투자자는 정해진 만기, 이자율로 사업자금을 빌려준 사람일 뿐이니까요.

그런데 주식 투자는 어떨까요? '빅히트'라는 연예기획사가 있습니다. 이 회사를 자세히 살펴본 결과 성장 가능성이 있다면 주식 투자를 결심할 수 있습니다. 만약 빅히트에서 회사를 운영하는 데 50억 원의 돈이 필요하다면 50억 원을 빌려주는 것이 아니라 방시혁 대표와 동업자가 되어 회사에 투자를 하는 것이죠.

'빅히트'라는 회사를 운영하는 데
50억 원 정도가 필요해요.

1년 후에 갚는 조건으로
이자 7% 딜?

주식과 채권의 가장 큰 차이점은 주식의 경우, 회사가 투자자에게 돈을 갚아야 할 의무가 없다는 거예요. 대신 주식 투자자는 투자한 돈에 상응하는 회사의 지분(주식)을 받게 되죠. 지분을 얼마나 받을 수 있는지는 디테일한 계산이 필요한데, 여기서는 대략적으로 알아보도록 하겠습니다.

빅히트에 투자한 시점이 '방탄소년단'이 막 데뷔했을 때라고 가정합시다. 빅히트의 기업가치는 500억 원이고, 투자자 '아미'는 방탄소년단의 가능성을 알아보고 50억 원을 투자해 빅히트의 지분 10%(500억 원/50억 원)를 받았습니다. 여기서 기업가치는 '빅히트를 누군가에게 통째로 팔 때 얼마를 받을 수 있는가'라고 생각하면 됩니다. 그렇다면 빅히트에 투자한 아미는 어느 정도의 수익을 거뒀을까요?

방탄소년단은 국내뿐 아니라 전 세계적으로 핫한 그룹이 되었습니다. 빌보드 차트 1위를 차지한 것은 물론이고, 전 세계를 돌며 활발하게 활동하고 있죠. 그로 인해 2016년 약 350억 원이었던 빅히트의 매출이 2019년 약 5,870억 원으로 10배 이상 성장했습니다. 빅히트가 이렇게 돈을 잘 벌면서 기업가치도 급등했는데요.

2020년 여름 빅히트가 상장하기 직전, 여러 증권사가 빅히트의 기업가치를 4~6조 원가량으로 추정했습니다. 기업이 돈을 잘 벌수록 기업가치가 올라가는 건 당연한 이치죠. 진격의 빅히트는 상장 이후 사명을 '하이브'로 바꾸고 미국의 대형 엔터테인먼트 회사인 이타카를 인수하는 등 활발한 외형 확장을 꾀하고 있습니다. 빅히트의 시가총액(기업가치)은 이런 흐름을 반영해 상장 공모가 기준 4조 원

내외 규모에서 2021년 6월 기준 약 10조 원까지 가파르게 상승했습니다.

● **빅히트의 주가**

출처:네이버 금융

빅히트는 2020년 10월 코스피(KOSPI) 시장에 입성했습니다. 주식에 별 관심이 없는 분들도 빅히트 상장, 공모와 관련한 뉴스를 보셨을 거예요. 기사가 엄청나게 쏟아졌죠.

기업은 성장하면서 자금이 필요할 때 투자금을 받고 그 대가로 투자자들에게 소유권을 쪼개 주식으로 나눠주는데요. 사실 이 주식은 '빅히트 주식'이라고 적혀 있는 종잇조각에 불과합니다. 그런데 기업가치의 변화에 따라 이 종잇조각의 가치가 달라지죠.

만약 투자자 아미가 급전이 필요해 투자했던 50억 원을 회수하고 싶다면 어떻게 해야 할까요? 방시혁 대표를 찾아가 "정말 급해서 그런데 제 투자금 좀 돌려주시겠어요?"라고 요청하면 될까요? 회사를 열심히 키우고 있는 경영진 입장에서는 당장 투자금을 돌려주기 어렵습니다. 투자금을 회사의 현재 기업가치에 맞는 금액으로 환산해야 하는데, 시장 가격이 없기 때문에 기업가치를 정확하게 추산하는 것이 어렵거든요. 상황이 이러하면 급전이 필요한 투자자 아미는 금융회사 브로커 등을 통해 이 회사에 투자하고 싶은 다른 투자자를 찾아 주식을 그 사람에게 팔아야 합니다. 다른 투자자를 찾는 것도, 가격을 흥정하는 것도 굉장히 번거롭겠죠?

그래서 주식시장이 필요한 것입니다. 우리가 흔히 말하는 코스피, 코스닥(KSDAQ) 시장은 이 주식이라는 종잇조각을 자유롭게 거래할 수 있는 시장이에요. 이 시장에서는 굳이 경영진에게 내 투자금을 달라고 할 필요 없이 이 회사에 투자하고 싶은 다른 투자자와 주식을 거래하면 됩니다. 앞서 채권을 설명할 때 언급한 유통시장과 비슷한 개념이죠. 특정 조건을 만족하는 회사들만 주식시장에서 거래할 수 있는데, 이 시장에서 거래 가능한 물건으로 등록하는 것을 '상장'이라고 합니다.

상장한 이후에는 매일매일 시장이 열리는 시간에 투자

자들의 수요와 공급에 의해 해당 주식의 가격이 움직입니다. 이 가격 등락이 우리가 흔히 보는 주식 차트에 나타나죠.

앞서 기업가치는 '회사를 누군가에게 통째로 팔 때 얼마를 받을 수 있는가'라고 이야기했습니다. 보통 시장에서 거래되는 주식 수에 현재 가격을 곱한 시가총액으로 기업가치를 계산합니다. 빅히트를 긍정적으로 생각하고 투자하는 사람이 많아질수록 주가는 상승하고, 그에 따라 기업가치도 우상향하는 그림을 그리게 됩니다. 상장과 기업가치, 시가총액의 개념을 알아보았으니 이제 빅히트에 50억 원을 투자한 아미 이야기로 다시 돌아갈까요?

빅히트에 50억 원을 투자한 가상의 투자자 아미가 보유한 회사 지분, 주식은 10조 원의 10%인 1조 원의 가치를 가지게 됩니다. 빅히트의 기업가치가 500억 원일 때 원석을 발견한 대가가 200배의 수익률로 돌아온 것이죠. 이렇게 특정 회사에 주식 투자를 한다는 것은 동업자가 되어 그 회사의 흥망성쇠를 같이 누린다는 뜻입니다.

지금은 대표적인 '흥'의 사례인 방탄소년단(빅히트)에 대해 이야기했는데, 반대의 케이스도 얼마든지 있습니다. 미래의 가능성을 믿고 주식 투자를 했는데 제품에 결함이 발생하거나 글로벌 경기가 침체 국면에 접어들면 문제가 발생할 수 있죠. 이런 일은 회사 실적에 영향을 미치고, 기업 가치 하락으로 연결되어 내가 보유한 회사 지분의 가치가 떨어질 수도 있습니다. 주식 투자는 원금 손실 가능성이 있어 앞서 언급한 채권보다 리스크가 큽니다. 이것이 제가 채권을 순한맛, 주식을 매운맛이라고 표현한 이유입니다.

동반자(회사)를 고르기 전에 다트를 보자

주식 투자를 할 회사를 고르는 건 함께할 동업자, 동반자를 고르는 것입니다. 여러분은 동반자를 고를 때 무엇을 볼 건가요? 평소 알고 지낸 지인과 사업을 시작한다면 그 사람의 평판이나 평소 업무 스타일 등을 보면 되지만, 주식 투자를 할 때는 상황이 다르죠. 삼성전자에 투자하고 싶다고 회장님께 전화를 걸어 현재 회사 상황은 어떤지, 앞으로의 비전은 무엇인지 물어볼 순 없잖아요?

여러분이 투자를 결정할 때 투자하려는 회사에 대한 정보를 많이 알면 좋겠지만, 상황이 여의치 않다면 적어도 그 회사가 무슨 일을 하는 회사인지 사업 영역을 확실히 파악할 필요가 있습니다.

주식 초보자가 가장 많이 투자하는 삼성전자는 그나마

낫습니다. 무슨 일을 해서 돈을 버는 회사인지 전 국민이 알고 있으니까요. 주위를 둘러보면 누군가가 추천해줬다며 생전 처음 들어보는 회사에 무턱대고 투자하는 사람이 꽤 많습니다. 이런 투자가 과연 성공할까요?

투자를 할 때 사업을 파악하는 과정은 반드시 필요합니다. 친절하게도 시장에서 거래되는 기업들은 주식 투자자들, 잠재적 동업자들이 궁금해 할 만한 정보를 모두에게 공개하고 있습니다. **금융감독원 전자공시시스템 '다트(dart.fss.or.kr)'에 접속해 관심 있는 종목의 '사업보고서(정기공시-전체 선택)'를 확인하면 됩니다.** 발표 시점마다 분기보고서, 반기보고서, 사업보고서로 이름이 바뀌지만, 이름을 신경 쓰지 말고 가장 최신 자료를 살펴보면 됩니다.

● 다트

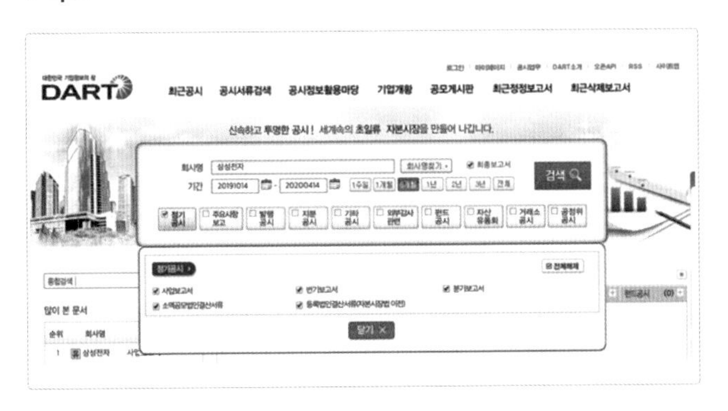

주식 투자를 고민하고 있다면 기업의 자기소개서인 사

업보고서에서 다음과 같은 내용을 확인해야 합니다.

- 무엇을 하는 회사인가: 사업 영역 확인
- 미래 전망은 어떠한가: 시장 전망과 성장률 확인
- 일을 잘하고 있는가: 시장점유율과 경쟁자 등 사업 환경 확인

동반자가 되려면 적어도 그 회사가 무엇을 하는 회사인지, 사업 아이템이 유망해 시장 전체가 성장하고 있는지, 성장하는 시장 내에서 확고한 입지를 다지고 있는지 확인할 필요가 있습니다. 이 내용들은 발품을 팔며 일일이 조사하지 않아도 됩니다. 사업보고서 '사업의 내용'에 모두 정리되어 있거든요. 서술된 글이 매우 길기 때문에 처음엔 훑어보면서 필요한 정보만 빠르게 수집하세요. 추후 깊이 있는 산업·기업 공부를 할 때 이 사업보고서를 활용하면 좋습니다. 지금부터 삼성전자의 사업보고서 '사업의 내용'을 보며 필요한 정보를 수집하는 연습을 해볼까요?

무엇을 하는 회사인가: 사업 영역 확인

회사는 하나의 사업 부문만 운영하는 경우도 있지만 삼성전자처럼 휴대폰, 반도체, 가전 등 여러 제품을 만들며 4~5개 사업 부문을 동시에 운영하는 경우도 있습니다. '사

업의 내용'에서 회사의 주요 제품과 제품별 매출 비중을 정리한 표를 확인하는 것이 좋습니다.

매출액 기준으로는 스마트폰을 만드는 IM 부문 비중이 약 42%로 가장 높고, 영업이익 기준으로는 DS 부문 반도체 사업 비중이 약 52%로 가장 높습니다. 비중이 높은 부문일수록 중요하기 때문에 사업 부문별로 서술된 내용을 꼼꼼하게 읽어볼 것을 추천합니다.

• **삼성전자의 사업보고서 - 사업의 내용**

부문		구 분	제52기	
			금액	비중
CE 부문		매출액	481,733	20.3%
		영업이익	35,615	9.9%
		총자산	602,487	11.4%
IM 부문		매출액	995,875	42.1%
		영업이익	114,727	31.9%
		총자산	1,682,692	31.8%
DS 부문	반도체 사업	매출액	728,578	30.8%
		영업이익	188,050	52.2%
		총자산	1,863,977	35.3%
	DP 사업	매출액	305,857	12.9%
		영업이익	22,369	6.2%
		총자산	661,929	12.5%
	계	매출액	1,030,361	43.5%
		영업이익	211,202	58.7%
		총자산	2,741,270	51.9%
Harman 부문		매출액	91,837	3.9%
		영업이익	555	0.2%
		총자산	147,020	2.8%

출처: 다트

• **삼성전자의 사업보고서 - 사업 부문 소개**

가. 사업부문별 현황

당사는 본사를 거점으로 한국과 CE, IM 부문 산하 해외 9개 지역총괄 및 DS 부문 산하 해외 5개 지역총괄의 생산 · 판매법인, Harman 산하 종속기업 등 241개의 종속기업으로 구성된 글로벌 전자 기업입니다.

사업군별로 보면, Set(세트) 사업군에서는 TV를 비롯하여 모니터, 냉장고, 세탁기, 에어컨 등을 생산 · 판매하는 CE(Consumer Electronics) 부문과 HHP(스마트폰 등), 네트워크시스템, 컴퓨터 등을 생산 · 판매하는 IM(Information technology & Mobile communications) 부문이 있습니다. 부품 사업군에서는 DRAM, NAND Flash, 모바일AP 등의 제품을 생산 · 판매하고 있는 반도체 사업과 모바일 · TV · 모니터 · 노트북 PC용 등의 OLED 및 TFT-LCD 디스플레이 패널을 생산 · 판매하고 있는 DP 사업의 DS(Device Solutions) 부문으로 구성되어 있습니다. 또한, 2017년에 인수한 Harman 부문에서 디지털 콕핏(Digital Cockpit), 텔레매틱스(Telematics), 스피커 등을 생산 · 판매하고 있습니다.

[부문별 주요 제품]

부문		주요 제품
CE 부문		TV, 모니터, 냉장고, 세탁기, 에어컨 등
IM 부문		HHP, 네트워크시스템, 컴퓨터 등
DS 부문	반도체 사업	DRAM, NAND Flash, 모바일AP 등
	DP 사업	스마트폰용 OLED 패널, TV · 모니터용 LCD 패널 등
Harman 부문		디지털 콕핏(Digital Cockpit), 텔레매틱스(Telematics), 스피커 등

출처: 다트

미래 전망은 어떠한가: 시장 전망과 성장률 확인

사업 부문별로 산업 특성, 시장 여건, 영업 환경에 대한 내용이 서술되어 있는데요. 시장 전망 및 성장성을 확인하기 위해서는 '시장 규모', '여건', '전망' 등의 파트를 주의 깊게 살펴야 합니다. 공신력 있는 기관에서 발표한 예상 시장성장률을 적는 경우도 있고, 아래와 같이 회사에서 전망한 내용을 적는 경우도 있습니다.

- **삼성전자의 사업보고서 - 시장 여건**

(국내외 시장여건 등)

2020년 메모리 시장은 코로나19(COVID-19)의 세계적 유행 및 미 · 중 간 무역분쟁 등으로 인한 불확실한 시황 속에서, 상반기에는 Cloud 서비스 확대로 인한 서버용 수요가, 하반기에는 비대면 수요 급증과 경기 회복 기대감으로 인한 모바일 · PC용 수요가 확대되는 등 시장 변동성이 큰 흐름을 보였습니다.

2020년 DRAM 수요는 2019년 대비 약 22% 성장하였으며 특히 서버 응용 제품에서 높은 성장률을 보였습니다. 2021년에는 비대면 산업 중심으로 디지털 전환이 가속화되면서 2020년 대비 약 15% 성장할 것으로 예상되며, 경기회복에 따른 스마트폰 및 데이터센터의 서버 수요도 증가할 것으로 전망됩니다. (출처: IDC 2020.12.) 당사는 제품 경쟁력 우위를 활용한 고용량 · 차별화 제품을 통해 포스트 코로나 시대의 미래 변화에 선제적으로 대응할 계획입니다.

출처: 다트

일을 잘하고 있는가: 시장점유율과 경쟁자 등 사업 환경 확인

똑같이 성장하는 시장에 속해 있다 하더라도 내가 투자한 회사의 입지에 따라 주가흐름이 달라집니다. '경쟁 현황', '경쟁력' 파트에 이에 대한 정보가 담겨 있습니다. 대부분의 주식 투자자는 아무나 시장에 진입해 영업을 할 수 있는 자유경쟁 시장보다는 진입 장벽이 높은 독점 혹은 과점 구조를 선호합니다.

이 파트에서 가장 핵심이 되는 정보는 바로 시장점유율입니다. 숫자로 찍히는 시장점유율은 조작이 어려운 회사의 경쟁력이 녹아 있는 수치입니다. 매출 비중이 높은 주요 사업 분야에서 높은 시장점유율을 가지고 있는지 체크할 필요가 있습니다.

● **삼성전자의 사업보고서 - 시장점유율**

<반도체 사업 주요 제품 시장점유율 추이>

제 품	2020년	2019년	2018년
DRAM	43.1%	43.7%	43.9%

※ 시장점유율은 외부조사기관인 DRAMeXchange의 세계시장점유율 자료(금액 기준)를 활용하였습니다. (2020년 시장점유율은 당사 추정치입니다.)

출처: 다트

심화 회사의 가계부를 파헤쳐보자

지금까지 사업보고서 '사업의 내용'에 서술된 글을 통해 회사를 파악하는 법을 알아봤습니다. 이제는 좀 더 레벨을 높여 숫자로 파악해봅시다. '이 회사가 돈을 잘 버는지' 파악하기 위해 장부를 살펴보는 것입니다. 앞서 언급한 사업보고서의 재무제표를 확인해도 되고, 보기 좋게 정리되어 있는 '네이버 금융(finance.naver.com)'을 활용해도 됩니다.

재무제표는 회사의 가계부입니다. 우리가 이번 달에 월급이 얼마가 들어왔고 여기저기에 쓴 돈이 얼마이고 저축 혹은 투자한 돈이 얼마인지 기록하듯, 회사도 마찬가지로 영업을 통해 돈을 얼마나 벌었고 직원 월급으로 얼마나 나갔고 돈을 어떻게 사용하고 있는지 등을 기록합니다.

이때 회사는 개인보다 규모가 크고, 회사 내부의 돈 흐름을 모두 기록해야 하기 때문에 3개의 서류로 구성된 재무제표를 작성합니다. 3개의 서류에는 재무상태표, 손익계산서, 현금흐름표라는 이름이 붙어있는데요. 너무 어렵게 생각하지 않아도 됩니다.

우리가 향초를 만들어 판매하는 회사 '㈜스멜굿'을 설립했다고 가정하고, 재무제표에 대해 더욱 자세히 설명하도록 할게요.

● **상장사 재무제표 예시**

주요 재무 정보	연간				분기			
	2016/12 (IFRS연결)	2017/12 (IFRS연결)	2018/12 (IFRS연결)	2019/12(E) (IFRS연결)	2018/06 (IFRS연결)	2018/09 (IFRS연결)	2018/12 (IFRS연결)	2019/03(E) (IFRS연결)
매출액	145,633	164,722	186,701	223,567	44,537	49,456	49,221	48,705
영업이익	8,436	7,766	8,327	9,614	1,845	2,652	1,727	2,332
영업이익(발표 기준)	8,436	7,766	8,327		1,845	2,652	1,727	
세전계속사업이익	5,284	5,843	12,942	5,486	10,481	1,624	-285	1,507
당기순이익	3,535	4,128	9,254	3,874	7,834	1,208	-509	1,074
당기순이익(지배)	2,759	3,702	8,752	3,382	7,584	1,080	-538	872
당기순이익(비지배)	776	426			249	127		
자산총계	157,662	168,681	194,970	218,656	190,591	195,330	194,970	
부채총계	97,058	107,243	121,888	141,097	118,229	122,925	121,888	
자본총계	60,605	61,439	73,082	77,560	72,362	72,404	73,082	
자본총계(지배)	34,094	33,749	47,828	50,379	48,417	48,677	47,828	
자본총계(비지배)	26,511	27,689			23,945	23,727		
자본금	724	725	819	820	819	819	819	
영업 활동 현금흐름	8,001	11,808	4,714	14,946	-1,469	1,547	3,790	
투자 활동 현금흐름	-14,089	-14,639	-10,346	-20,369	8,428	-9,903	-3,354	
재무 활동 현금흐름	7,259	2,654	5,210	8,793	-2,044	2,609	-1,175	
CAPEX	8,454	14,504	16,754	12,757	3,953	4,992	4,032	
FCF	-453	-2,695	-12,040	-2,073	-5,422	-3,445	-242	
이자 발생 부채	66,622	71,344	79,353		78,709	80,827	79,353	

첫 번째로 알아볼 재무상태표는 회사가 가진 것을 기록하는 장부입니다. 월급, 지출과 같은 흐름이 아니라 보유한

것들을 기록하죠. 쉽게 말해, '예금 1억 원과 은행 대출을 낀 3억 원짜리 부동산을 보유하고 있어'와 같은 내용을 기록한다고 할 수 있습니다.

재무상태표는 다음과 같이 가운데를 기준으로 왼쪽은 '자산', 오른쪽은 '부채'와 '자본'으로 구성합니다.

• 재무상태표

회사가 보유한 것들

자산	부채 (남의 돈)
1) 유동자산 - 현금, 단기 금융상품 - 매출채권, 재고	1) 유동부채 - 단기 차입금 - 선수금 등
2) 비유동자산 - 장기 금융상품 - 유형자산(토지, 공장 등) - 무형자산(특허 등)	2) 비유동부채 - 사채 - 장기 차입금
	자본 (주주의 돈) 1) 자본금 2) 자본잉여금 3) 이익잉여금

'자산'에는 스멜굿 운영에 필요한 준비물들이 들어갑니다. 향초를 만들어 판매해야 하니 재료는 물론이고, 대량

생산을 할 경우 기계 설비나 공장도 필요할 수 있겠죠. 또 물건을 판매한 뒤 재료 대금을 지불하려면 적절한 현금류나 금융상품도 가지고 있어야 합니다.

지금까지 제가 말한 준비물들은 성질에 따라 '유동자산'과 '비유동자산'으로 구분됩니다. 유동자산에는 현금이나 회사가 갖고 있는 만기가 짧은 금융상품, 곧 판매될 재고, 매출채권이 포함됩니다. 쉽게 말하면 곧 현금화할 수 있는 것들이죠. 여기서 매출채권이라는 것이 생소할 텐데요. 매출채권은 회사가 앞으로 받아야 할 돈이라고 생각하면 됩니다. 우리가 물건을 살 때 대금을 나눠 지불하듯, 회사도 거래를 할 때 계약금을 먼저 받고 남은 돈을 나눠 받을 수 있습니다. 여기서 앞으로 받을 돈을 매출채권에 추가해 기록하는 거죠.

비유동자산은 유동자산에 비해 현금화하기 어려운 것들이라고 생각하면 됩니다. 유형자산, 무형자산, 만기가 긴 금융자산이 포함되는데요. 유형자산은 공장이나 토지처럼 형태가 있는 준비물, 무형자산은 특허나 영업권처럼 형태가 없는 준비물이라 할 수 있습니다.

'부채'와 '자본'은 준비물인 자산을 꾸리기 위해 돈을 어떻게 끌어왔는지를 이야기하는 부분이에요. 부채는 남의 돈, 자본은 나, 즉 주주의 돈이죠. 부채는 2가지로 분류하는데, 만기에 따라 금방 갚아야 하는 돈은 '유동부채', 만기가 상대적으로 긴 돈은 '비유동부채'로 분류합니다.

자본은 자본금, 자본잉여금, 이익잉여금으로 구성되어 있습니다. 주주가 회사의 동업자가 되면서 납입한 돈은 자본금과 자본잉여금 계정에, 회사가 영업을 통해 벌어들인 이익은 이익잉여금 계정에 들어가게 됩니다.

초보 투자자라면 재무상태표를 디테일하게 기억할 필요는 없습니다. 단, 현금과 장비는 자산, 은행 대출(차입금)은 부채, 주주의 돈은 자본금 계정에 해당한다는 것 정도는 알고 있어야 합니다. 또한 어떤 이슈로 인해 대차대조표에 수치가 기입되면 양변(자산=부채+자본)의 변화가 같아야 한다는 점도 기억할 필요가 있습니다.

두 번째로 알아볼 손익계산서는 다음과 같은 내용으로 구성되어 있습니다(101쪽 표).

이 중 '매출액', '영업이익', '순이익'이 가장 많이 보는 중요한 계정입니다. 가장 위에 있는 매출액에서 순이익까지 내려오는 전체적인 흐름을 이해할 필요가 있습니다. 손익계산서의 맨 윗부분에 회사가 영업을 통해 올린 매출액을 기록합니다. 그 아래로 여러 계정이 쭉 나오는데, 이 회사가 잘 굴러갈 수 있도록 도움을 준 사람들과 돈을 나눠 가지는 과정이라고 생각하면 됩니다.

• **손익계산서**

회사가 벌고 쓰는 것들(흐름)

매출액 • 매출원가 • 판매 및 관리비
영업이익 + 금융 수익 금융비용 + 기타 수익 기타 비용
법인세차감전순이익 - 법인세
순이익

돈을 나눠 갖기에 앞서 생산할 때 들어간 원가와 판매할 때 발생한 비용들은 빼야겠죠? 매출액에서 매출원가(생산에 들어간 원가)와 판매 및 관리비를 뺀 금액이 영업이익입니다. 그 다음에는 금융비용을 빼줘야 합니다. 금융비용은 준비물인 자산을 꾸릴 때 빌린 돈(부채)에 대해 지불하는 이자라고 생각하면 됩니다. 회사를 잘 운영하라고 돈을 빌려준 사람들과 이익을 나눠 가지는 것이죠.

반대로 다른 회사의 회사채에 투자해 이자를 받게 되면 이 수익은 금융 수익으로 잡혀 영업이익에 더해집니다. 그 외 기타 수익, 기타 비용을 합산하면 법인세차감전순이익이라는 계정이 됩니다.

다음으로 돈을 나눠 가질 사람은 국가이고, 회사는 법인세라는 세금을 국가에 냅니다. 이렇게 법인세를 차감하고 남은 순이익은 이 회사 주식에 투자한 '주주'의 몫입니다. 회사는 순이익을 주주들에게 현금으로 나눠줄 것인지(배당), 미래의 불확실성을 대비하기 위해 회사 내부에 남겨둘 것인지(유보) 결정해야 합니다.

마지막으로 알아볼 현금흐름표는 회사의 현금 유출입을 기록하는 장부입니다. 그런데 이 내용을 왜 따로 기록해야 하는 것일까요? 재무상태표, 손익계산서의 정보만으로는 충분하지 않기 때문입니다.

손익계산서에서 순이익이 계속해서 흑자(+)를 기록한 기업이 망할 수 있을까요? 네, 망할 수 있습니다. 손익계산서의 흑자가 실제로 회사 내부로 현금이 들어오고 있다는 것을 의미하지는 않기 때문이죠.

회계는 기본적으로 '발생주의'를 채택하고 있는데요. 기업이 100억 원 규모의 계약을 하고 계약금과 잔금으로 돈을 나눠 받더라도 손익계산서는 계약 체결 시점에 기입됩니다. 회사 내부에 현금이 충분하지 않은데 시기가 엇갈려 빌린 돈을 갚아야 한다면 돈을 갚지 못하는 디폴트 상황에 처할 수도 있죠. 따라서 회사의 현금흐름을 따로 모니터링

할 필요가 있고, 이 내용이 현금흐름표에 기록됩니다.

- **현금흐름표**

회사의 실제 현금 유출입

목적	확인해야 할 부분	판단
영업현금흐름	- 영업 활동을 통해 유출입된 현금 - 영업이익, 당기순이익과 차이가 크지 않은지 확인	+
투자현금흐름	- 투자 활동을 통해 유출입된 현금 (-): 영업을 위한 설비 투자를 하고 있거나 금융상품에 투자하는 경우 (+): 투자자산(설비, 금융상품)을 매각한 경우 영업 활동의 부실을 투자자산 매각으로 가리는 경우가 있으므로 주의 - CAPEX 확인	-
재무현금흐름	- 재무 활동을 통해 유출입된 현금 (-): 주주에게 배당하거나 자사주를 매입하는 경우, 빌린 돈을 상환한 경우 (+): 외부에서 돈을 차입하는 경우	-

현금흐름표는 회사로 유출입된 현금을 그 목적에 따라 영업현금흐름, 투자현금흐름, 재무현금흐름으로 구분합니다. 초보 투자자는 각 계정의 의미와 판단 기준을 이해하고, 어떻게 계산되는지 참고로만 보기 바랍니다. 회사 내부로 현금이 들어오면 양수(+), 현금이 유출되면 음수(-)입니다.

영업현금흐름은 영업 활동을 통해 유출입된 현금을 말합니다. 당연히 영업을 통해 회사 내부로 현금이 들어오는 게 좋겠죠? 양수(+)임을 확인하는 것은 물론이고, 손익계산서의 영업이익, 순이익과도 비교해보는 것이 좋습니다. 영업이익과 영업현금흐름의 차이가 터무니없이 크다면 분식회계(재무제표 조작), 유동성(현금류 자산) 부족 등 회사 내부에 문제가 있을 가능성이 큽니다.

투자현금흐름은 투자 활동을 통해 유출입된 현금을 말합니다. 여기서 투자는 크게 영업을 위해 기계/설비 등에 투자하는 경우와 금융상품 등에 투자하는 경우로 나눌 수 있어요. 투자현금흐름이 음수(-)일 때는 영업을 위한 설비 투자를 하고 있거나 금융상품에 투자해 회사에서 돈이 외부로 나간 것을 의미합니다.

반대로 양수(+)일 때는 투자를 해 내부로 돈이 들어온다는 의미죠. 금융상품 등에 투자해 수익이 발생했거나 가지고 있던 설비, 유형자산을 처분해 매각 대금이 들어온 케이스입니다.

일반적으로 투자현금흐름은 음수(-)인 것을 선호합니다. 건강한 회사는 지속적인 설비 투자로 생산력을 확충하고, 이를 통해 매출을 늘리는 선순환 구조를 그리기 때문이죠. 투자현금흐름에는 설비, 금융상품에 대한 투자가 섞여 있기 때문에 설비 등 유형자산에 대한 투자 금액만 골라내 표기하기도 하는데, 이를 CAPEX(Capital Expenditures, 자본적 지출)라고 합니다.

재무현금흐름은 재무 활동을 통해 유출입된 현금을 말합니다. 재무 활동이라는 표현이 생소할 텐데요. 은행에서 돈을 빌리고 갚거나(차입금) 주주들에게 배당하는 것이 포함됩니다. 주주들에게 배당하거나, 회삿돈으로 회사 주식(자사주)을 사거나, 빌렸던 돈인 차입금을 상환한 경우 현금이 회사 밖으로 나가고 재무현금흐름은 음수(-)가 됩니다. 반대로 돈을 빌려온 경우는 양수(+)가 되죠.

자, 정리해보면 현금흐름표에서는 영업현금흐름, 투자현금흐름, 재무현금흐름의 부호를 우선적으로 확인해야 합니다. 영업현금흐름은 양수(+), 투자현금흐름과 재무현금흐름은 음수(-)인 것이 좋습니다. 이를 만족하는 회사는 영업을 통해 현금을 벌어들이고, 그 돈으로 미래를 위한 설비 투자를 하고, 주주를 위한 배당을 하는 선순환 구조를 그리는 회사가 되는 것이죠.

추가로, 투자현금흐름이 양수(+)인 회사는 주의 깊게 살필 필요가 있습니다. 금융상품 등에 투자해 수익이 난 경우는 괜찮지만 기계, 설비 등을 매각해 회사에 돈이 들어온 경우는 주의해야 합니다. 멀쩡히 잘 굴러가던 회사가 기계, 설비 등을 매각한다? 이런 경우에는 회사 내부에 급하게 돈이 필요한 일이 있었는지 거꾸로 유추해봐야 합니다.

그런데 혹시 지금 이 순간, 이렇게 생각하고 있진 않나요? '나는 아직 주식시장을 잘 모르기 때문에 어떤 회사의 사업보고서, 재무제표를 봐야 하는지 모르겠어. 관심 종목이 없는데 어디서부터 어떻게 투자를 시작해야 하지?'

이런 분들을 위해 다음 글에서 주변에서 투자 기회를 찾는 방법을 알아볼게요.

요점 정리

주식 투자를 한다는 건 해당 회사와 '같은 배를 탄다'라는 의미입니다. 회사가 어떤 사업 아이템을 가지고 있는지 확인하고, 재무제표를 분석하며, 뉴스, 공시, 애널리스트 보고서 등을 통해 그 회사에 투자해야 하는 이유를 점검하세요.

☻ **주식 투자가 적합해요!**

트렌드를 잘 파악하는 사람

어느 정도의 손실을 감당할 준비가 된 사람

☹ **주식 투자가 별로예요!**

원금 손실은 죽어도 안 된다고 생각하는 사람

지금까지의 주식 설명이 1도 이해가 안 되는 사람

투자의 기회 찾기

요즘 핫한 게 뭐지?

주식 투자의 의미를 어느 정도 이해했나요? 동업자를 고를 때 사업보고서에서 무엇을 우선으로 봐야 하는지도 확인했을 거라 생각합니다. 지금부터는 관심 종목을 어디에서 어떻게 찾아내야 하는지 알아보겠습니다. 사실 투자 기회를 포착하는 일은 정답도 없고, 일정한 규칙으로 정리하는 것이 어려운데요. 사례를 들어 주변 트렌드에서 투자 기회를 찾는 방법을 설명하고자 합니다.

주식 투자는 세상 돌아가는 일에 대한 관심에서부터 시작합니다. '요즘 뭐가 핫하지?', '나는, 그리고 주변 사람들은 주로 어디에 돈을 쓰지?'에 대해 생각해보는 것이죠. 그리고 '아, 이게 핫하니 이 종목에 투자해야지!'라고 생각하기보다는 그 회사가 핫한 아이템(호재)으로 돈을 얼마나 벌 수 있을지, 언제까지 유지될지 구체적인 숫자로 연결해 생각해보는 것이 좋습니다.

'트와이스'를 보고 투자한다고?

여자 아이돌 '트와이스'의 사례를 통해 투자 기회를 포착해볼까요? 트와이스는 '우아하게'라는 곡으로 데뷔한 이후 수많은 곡을 연달아 히트시켰습니다. 저는 트와이스의 굿즈(goods, 특정 브랜드나 연예인 등이 출시하는 기획 상품)를 사기 위해 많은 사람이 길게 줄을 선 사진을 보고 '그들의 소속사 JYP에 투자해볼까?'라는 생각을 했습니다. 모든 사람이 트와이스는 인기가 많고 예쁘다는 사실을 알고 있습니다. 하지만 이러한 직감만으로 투자하는 건 위험해요. 추가적으로 앞으로 호재가 있을지 생각해볼 필요가 있죠. 만약 호재가 있다면 1) 언제 예정된 건지(시기), 2) 호재가 현실화됐을 때 회사가 어느 정도의 돈을 벌 수 있을지 분석해봐야 합니다.

제가 트와이스의 소속사 JYP에 투자해야겠다고 결정적으로 마음먹은 계기는 '일본 진출'이라는 호재 때문이었습니다. 트와이스는 2017년 여름 정식으로 일본 데뷔를 발표했는데요. 일본 진출이 JYP에 언제, 얼마나 영향을 줄 수 있을지 파악해볼까요?

아이돌이 버는 수익은 음원과 음반 판매금 외에도 광고 수익, 콘서트 수익 등이 있습니다. JYP의 2018년(제24기) 사업보고서에 따르면 음원과 음반 매출이 약 40%, 광고와 콘서트, 방송 출연 매출이 각 10~15%가량 됩니다. 여기서 콘서트 수익을 주목해봅시다. 광고나 방송 출연은 주체적으로 진행할 수 없지만 콘서트는 팬덤이 형성되고 콘서트 시간을 채울 만큼의 곡이 확보되면 원할 때 언제든 투어를 돌 수 있다는 장점이 있습니다.

• 2018년 JYP의 부문별 매출

1) 주요 제품 등의 매출 현황

(단위 : 천원)

사업부문	매출유형	품 목	제24기		제23기	
			매출액	비율(%)	매출액	비율(%)
음반사업	음반/음원	음반/음원	49,203,453	39.42%	34,120,243	33.37%
매니지먼트사업	콘서트	콘서트	16,051,075	12.86%	9,955,197	9.74%
	광고	광고	16,628,288	13.32%	16,841,267	16.47%
	출연료	출연료	13,009,147	10.42%	14,784,182	14.46%
	기타	초상권외	29,929,175	23.98%	26,540,976	25.96%
합계			124,821,138	100.00%	102,241,865	100.00%

(*주) 작성기준 : 연결 재무제표

출처: 다트

아이돌은 주기적으로 앨범을 발표하고 팬덤을 확보한 뒤 콘서트 규모를 조금씩 늘려나가는데요. 트와이스는 일본인 멤버가 있어 일본 활동을 하는 데 유리하고, 한국에서의 성공 등을 고려하면 회당 1억 5,000명 이상을 수용할 수 있는 공연장(올림픽 체조경기장)을 채울 만큼 성장할 수 있을 것이라 생각했습니다.

따라서 저는 트와이스가 일본 진출을 발표했을 때 매수한 JYP 주식을 '돔 투어(일본에서 규모가 가장 큰 공연장)' 발표가 날 때 매도하기로 계획을 세웠습니다. 주가는 기업의 뉴스를 먼저 반영해 움직이기 때문에 실제로 공연이 끝나고 그 수익이 회사의 재무제표에 찍히는 시점이 아닌, 공연 발표를 기준으로 삼은 것이죠.

일본 진출이라는 호재의 실현 시점에 돈을 얼마나 벌 수 있을까요? 사실 수익을 숫자로 추정해보는 건 굉장히 어려운 일입니다. 여기서는 매출 추정이 비교적 쉬운 콘서트 수익을 예로 들어보겠습니다.

다트에서 확인할 수 있는 JYP의 콘서트 매출액을 정리해보면 다음 페이지(111쪽)와 같습니다. 콘서트 매출액은 2015년 82억 원에서 2018년 160억 원으로 증가했습니다. 참고로 이 수치는 트와이스뿐 아니라 갓세븐 등 JYP 소속 가수들의 매출이 모두 섞여 있는 값입니다.

● **JYP의 콘서트 매출액**

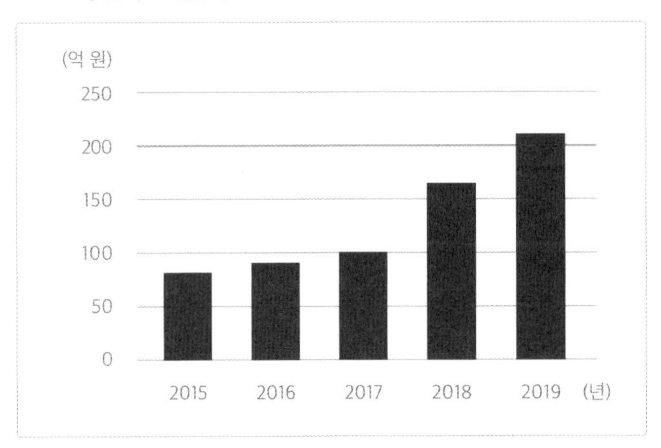

출처: 다트

2017년 트와이스의 일본 데뷔 쇼케이스에는 약 1만 5,000명의 팬이 몰려들었고, 매번 규모를 키워 2019년 오사카, 도쿄, 나고야 돔 투어에는 22만 명의 팬이 집결했습니다. 평균 티켓 가격이 11만 원이었다고 하니 돔 투어로 트와이스가 벌어들인 매출을 추정해볼 수 있겠죠?

매출은 무언가를 얼마에(판매가) 얼마나(판매량) 팔았나로 계산할 수 있습니다. 판매가와 판매량은 각각 11만 원과 22만 명입니다. 공연 매출만 242억 원이고, 여기에 굿즈 수익이 추가로 붙죠. 다만 해외 투어의 경우, 이 금액이 모두 JYP의 매출로 찍히는 것이 아닙니다. 각종 비용을 제외하고 남은 금액을 현지 업체와 나누어 가지는 구조이죠.

이때 JYP의 수익 비율은 공개되지 않았지만, 인터넷에 '아이돌 해외 투어 수익 비중' 등 여러 키워드를 검색해보면 참고할 만한 자료를 찾을 수 있습니다. SM 등 유사한 연예기획사가 일본 공연에서 14%의 로열티 매출을 올렸다고 하니, 보수적으로 10%로 가정하면 JYP는 약 25억 원의 공연 매출을 기대할 수 있습니다.

제가 JYP에 대한 투자를 고민한 시기는 트와이스가 일본 진출을 공식적으로 발표한 2017년 여름입니다. 트와이스의 실력과 미모를 고려했을 때 2~3년 내에 돔 투어가 가능하지 않을까 생각했고, 돔 투어가 현실화됐을 때의 추가 매출을 위와 같은 방법으로 추론해봤습니다.

2016년 JYP의 콘서트 매출액은 100억 원에도 미치지 못했고, 전체 매출액은 736억 원이었습니다. 앞서 추정한 콘서트 매출 25억 원은 JYP의 매출과 비교했을 때 작은 값이 아닙니다. 5,000억 원의 매출을 올리는 회사가 25억 원을 추가로 버는 것과 매출이 1,000억 원도 안 되는 회사가 25억 원을 추가로 버는 것은 그 회사에 미치는 파급력이 다르죠. 트와이스의 일본 진출에 따른 추가 매출은 주가에 긍정적인 영향을 줄 수 있습니다.

실제로 JYP의 주가는 트와이스가 일본 진출을 발표한 2017년 초 이후 꾸준히 상승했습니다. 일본에서의 성과가 좋았기 때문이죠. 발표한 곡들이 연이어 히트했고, 팬덤이 형성되었습니다. 트와이스는 2018년 하반기에 아레나 투어(수용 인원 6,000~3만 명)를 했고, 그해 10월 2019년 돔 투어를 발표했습니다. 이는 일본 내에서 트와이스의 커리어가 정점까지 올라섰다는 의미였죠.

JYP의 주가는 돔 투어를 발표한 2018년 10월이 고점이었고, 2019년 내내, 그리고 2020년 초까지 꾸준한 하락세를 보였습니다. 앞서 언급했듯, 주가는 뉴스를 선반영합니다. 실제 JYP의 매출, 이익 등 실적은 2019년까지 꾸준히 늘었지만, 주가는 돔 투어 실적이 반영된 시점이 아닌 돔 투어 계획을 발표한 시점이 정점이었습니다. 투자자는 냉정해야 합니다. 트와이스가 원탑 걸그룹인 것은 분명하지만 주가가 더 오르려면 돔 투어를 뛰어넘는 규모의 호재가 있어야 합니다.

이러한 주가 약세 흐름은 반전이 됐을까요? 2020년 3월 코로나19로 JYP의 주가가 1만 5,000원대까지 하락해 바닥을 다진 이후 4만 원대까지 가파르게 상승했습니다. 곤두박질쳤던 주가가 원상태로 돌아옴과 동시에 JYP를 비롯한 엔터테인먼트 업종의 호재가 많았습니다. JYP의 신예 걸그룹 '니쥬'가 일본에서 데뷔하며 꽤 괜찮은 반응을 얻었고, 동종 업계 회사인 빅히트가 상장하면서 엔터테인먼트 업종에 대한 투자자들의 관심이 높아졌습니다.

● **JYP의 2017~2021년 주가**

출처: 네이버 금융

투자 기회를 포착하는 연습

트렌드를 찾는 또 하나의 방법은 프라임 시간대나 최근 가장 핫한 TV 프로그램이 방송될 때 반복적으로 나오는 광고를 눈여겨보는 것입니다. 요즘 많이 보이는 '건강기능식품(이하 '건기식') 영양제'를 분석해볼까요? 앞서 언급한 트와이스의 경우, 그들로 인해 수혜를 받는 회사는 소속사 JYP 한 곳이었죠. 반면 영양제는 종류도 많고, 생산 및 판매하는 회사도 다양합니다. 어떻게 건기식 시장 트렌드를 파악하고 투자로 연결할 수 있을까요?

우선 건기식 시장 전체를 알아봐야 합니다. 네이버는 사람들의 검색 트렌드를 제공합니다. 이를 보면 비타민, 홍삼 등이 주류를 이루었던 과거와 달리, 건강을 챙기는 20~30대가 시장에 유입되며 새싹보리, 콜라겐 등 신종 건기식 아이템이 핫하게 떠오르고 있는 것을 알 수 있어요. 젊은 세대가 유입되고, 유행 건기식이 빠르게 변화하며, 전통적인 채널이 아닌 SNS 공구 등을 통해 판매하는 행태가 눈에 띄게 늘어났죠.

그 다음에는 이러한 변화 속에서 수혜를 받는 회사를 파악해야 합니다. 건기식 제조회사, 유통회사는 어디가 있는지, 그중에서도 어느 회사의 주가가 가장 좋을지 파악해야겠죠? 이에 대한 방법은 제가 운영하고 있는 유튜브 채널에 업로드한 영상을 통해 확인할 수 있습니다.

▶ 건기식 관련 내용

지인에게 종목 추천을 받았을 때 물어볼 것들

여기까지 읽었다면 '나도 투자 기회를 포착할 수 있을까?'라는 생각이 들 겁니다. 맞아요. 사실 열심히 공부하며 종목, 산업 분석을 통해 투자해야 하지만 쉽지 않죠. 그래서 본인 판단이 아닌 친구, 직장 동료 등 주변 사람들의 말을 듣고 주식 투자를 시작하는 분들이 많습니다.

이것이 무조건 나쁜 접근 방법은 아닙니다. 초보자 입장에서는 스스로 투자 기회를 포착하고 종목을 발굴해내는 일이 무척이나 어려우니까요.

그런데 힘들게 모은 돈을 지인이 소개해준 종목에 투자해 수익이 나면 매우 좋지만, 그렇지 않은 경우도 많습니다. 따라서 다른 사람의 말을 듣고 투자를 할 때에는 몇 가지 질문을 던질 필요가 있습니다. '잡주'라 불리는 종목을 피하기 위한 최소한의 안정장치라고 생각하면 좋을 것 같네요.

우선, 종목을 추천받으면 "이 종목의 투자 포인트는 뭔가요?"라고 질문해야 합니다. 이 종목이 어떤 일을 하는지, 호재가 있는지 파악해야 하죠. 만약 상대로부터 "나도 다른 사람에게 추천받은 거라 잘 모르겠어. 요즘 핫한 ○○ 테마라고 하던데?"와 같은 애매한 대답이 돌아온다면 투자를 지양하는 것이 좋습니다.

물론, 초심자의 행운으로 추천주나 테마주에 투자해 수익을 거둘 수도 있지만 벌어도 왜 번 건지 모르고, 잃어도 왜 잃은 건지 모르는 묻지마 투자는 여러분의 재테크력 향상에 도움이 되지 않습니다.

만약 여러분의 질문에 지인이 투자 포인트를 줄줄 읊는다면, 그 다음에는 "그럼 그 종목 목표주가가 얼마 정도일 것 같아?"라고 질문해보세요. 만약 지인이 이 질문에도 대답한다면 해당 종목에 자신이 있고, 종목 분석도 가능한 사람이니 앞으로도 주식에 대한 대화를 나눠도 좋습니다. 물론 이때 지인이 무작정 "현재가가 5,000원인데, 10만 원까지도 갈 수 있어! 가즈아!"를 외친다면 안 되겠죠? 제가 말하는 것은 "차트나 밸류에이션을 고려했을 때 8,000원까지는 괜찮을 것 같아" 정도의 대답입니다.

그렇다면 목표주가, 기대수익률을 어느 정도로 설정하고 투자하는 게 좋을까요? 매도 타이밍은 '수익률이 50%가 넘어가면 파세요'와 같은 변하지 않는 절대 기준을 세우는 것이 어렵습니다. 저는 제가 호재라고 생각했던 이슈가 주가에 어느 정도 반영되었다면 매도를 하는 편이에요. 초보자는 다소 어려울 수 있지만 주식의 밸류에이션이라는 개념을 활용해 적정 시가총액이나 목표주가를 계산해

보는 방법이죠. 이와 관련해 구체적인 사례를 들어 설명하는 영상이 있으니 참고하세요.

선택의 결과는 항상 본인에게 귀속됩니다. 손실이 나면 돌이킬 수 없으니 앞서 언급한 2가지 질문을 던지며 신중한 선택을 내리길 바랍니다.

▶ 적정 시가총액, 목표주가 계산하는 법

저는 해외 주식 투자가 처음인데요

해외 주식 투자를 시작할 때 알아야 할 것들

최근 몇 년간 미국 주식이 정말 핫하죠? 국내 주식시장이 오랫동안 박스피(한 방향으로 상승/하락하지 않고 좁은 범위 내에서 등락을 반복하는 코스피를 일컫는 말)에 갇혀 많은 사람이 조금이라도 높은 수익률을 내고자 해외로, 대체 투자처로 눈을 돌렸습니다. 이번에는 해외 주식 투자를 할 때 알아둬야 할 점들을 살펴보겠습니다.

해외 주식 투자를 할 때 첫 번째로 알아둘 것은 환율입니다. 해외 주식을 살 때는 해외 직구를 하는 것처럼 그 나라의 통화로 결제해야 합니다. 미국 주식의 경우, 원/달러 환율의 움직임에 따라 수익률이 달라집니다. 우리는 달러가 아닌 원화를 기준으로 성과를 측정해야 하니까요. 해외투자를 할 때는 다음과 같은 단계를 거칩니다.

미국 주식 투자수익률은 달러 기준 미국 주식의 등락률과 환전 시점의 원/달러 환율 변화율에 영향을 받는데요. 환전 시점 사이에 원/달러 환율이 상승해 달러 가치가 올라간다면 보유한 달러자산(미국 주식)의 가치도 올라 달러 수익금을 다시 원화로 환전할 때 더 많은 금액으로 바꿀 수 있습니다. 반대로 원/달러 환율이 하락한다면 내가 바꿀 달러의 가치가 하락한 상황이니 수익률이 훼손될 것이고요.

환율이 달러당 1,200원일 때 1,200원을 1달러로 환전해 주당 가격이 1달러인 미국 주식을 샀다고 가정해봅시다. 초기 투자금은 1,200원(1달러)입니다. 1년이 지난 뒤 미국 주식이 2달러로 2배나 올랐고, 환율 변화가 없다면 이 2달러를 2,400원으로 환전할 수 있습니다. 원화로 바꾼 원화 환산 수익률도 미국 주식 수익률과 같은 100%가 되는 거죠. 그런데 그 사이 환율이 달러당 1,000원으로 하락했다면 나의 2달러는 2,400원이 아닌 2,000원이 됩니다. 1,200원이 2,000원이 된 것이니 수익률은 66.7%로 낮아지게 되죠. 따라서 여러분이 해외 주식에 투자할 때는 미국 주식 자체 수익률과 환전 시점 사이의 원/달러 환율 움직임을 같이 체크할 필요가 있습니다.

두 번째로 알아둘 것은 세금입니다. 투자와 관련한 세금은 2020년 여름에 개정안이 발표되었는데, 현행 체계와 개정된 내용 모두 간략하게 설명하겠습니다. 일단 2022년까지 적용되는 현행 체계입니다. 국내 주식의 경우, 배당에 대해서만 15.4%의 배당소득세를 내고 주가가 올라 얻은 차익에 대해서는 세금이 부과되지 않습니다. 거래 금액에 대한 증권거래세 0.3%(코스피와 코스닥이 다름)만 고려하면 되죠. 즉 여러분이 삼성전자 주식을 1,000만 원어치 사서 50% 수익을 내고 1,500만 원에 매도했다면, 차익금 500만 원에 대해서는 세금을 내지 않는다는 뜻입니다. 단, 대주주의 경우에는 주식을 팔아 생긴 시세차익에 대해 양도소득세를 내야 합니다.

해외 주식은 세금 체계가 다릅니다. 차익에 대해 양도소득세 22%가 부과되죠. 단, 연간 기준으로 수익금 250만 원까지는 비과세 대상입니다. 마이크로소프트의 주식을 1,000만 원어치 사서 50% 수익을 내고 매도 후 환전한 수익이 1,500만 원이라면 250만 원을 초과한 250만 원의 22%인 55만 원을 세금으로 내야 합니다. 해외 주식 양도소득세는 매년 5월에 전년도 증권사 거래 내역을 확인해 신고하면 됩니다.

이번에는 2020년 7월에 발표되어 공청회, 개정을 거쳐 2023년부터 시행될 새로운 세금 체계를 알아볼까요? 3가지 핵심 내용을 짚어보도록 하겠습니다.

첫째, 금융투자소득세가 신설됩니다. 현재 '금융수익'에 관한 세금 체계는 복잡한 편이에요. 일단 현행 과세안과 개정 과세안을 살펴볼까요?

• 금융수익에 부과되는 세금 정리

구분	국내 주식 투자	공모펀드		해외 주식 투자	ELS 등 파생 결합 상품 및 파생 상품
		국내 주식	해외 주식 원자재/채권 등	미국 상장 ETF, 주식	
현행 과제	증권거래세 (대주주 양도세)	비과세	이자배당 소득세 (금융소득 종합과세)	양도소득세 (연 250만 원 기본공제)	이자 배당소득
2023년 이후	금융 투자 소득		기타 금융 투자 소득		
기본공제	5,000만 원		250만 원		

개정 과세안의 핵심 중 하나는 기존 이자/소득 외에 금융 투자 소득을 신설해 금융 투자를 통한 소득에 과세를

하겠다는 것입니다. 금융 투자 소득은 주식, 펀드, ETF, ELS, 파생상품 등 리스크를 안고 투자하는 모든 상품에서 발생하는 수익이라고 생각하면 됩니다. 예적금에 붙는 이자처럼 원금 손실 가능성이 없는 상품은 지금처럼 이자배당소득세 15.4%로 과세됩니다.

둘째, 손익이 통산되고, 항목별로 세금을 내지 않아도 되는 기본공제 한도가 있습니다. 변경되는 체계하에서 우리가 내야 하는 세금을 식으로 정리하면 다음과 같아요.

{(국내 상장 주식 등 소득 합계 - 5,000만 원) + (기타 금융 투자상품 소득 합계 - 250만 원) - 이월결손금} × 세율 20%(3억 원 초과분 25%)

국내 주식과 펀드/ETF에 투자해 얻은 수익은 5,000만 원(기본공제)까지 세금을 내지 않아도 되고, 기타 금융 투자 소득인 해외 주식, ELS, 파생상품 등 투자를 통해 얻은 수익은 250만 원(기본공제)까지 비과세가 됩니다. 긍정적인 부분은 투자자를 위한 손익 통산이 가능해졌다는 것입니다. 올해 큰 수익을 올렸지만 작년에 손실이 크게 나 실제로는 번 것이 없는데도 올해 수익에 대해 세금을 내야 한다면 불만스럽겠죠? 이제 걱정하지 않아도 됩니다. 이렇게 손실이 났을 경우 5년까지 손실금을 이월해 수익과 손실 합산액이 5,000만 원이 넘는 경우에만 세금을 내면 되거든요. 앞의 식에서 '이월결손금'이라는 용어는 이 손익 통산을 위해 과거에 여러분이 날렸던 돈, 손실금을 넣어주는 부분이라고 생각하면 됩니다.

이렇게 여러 금융상품과 과거 손실까지 통산해 계산된 금융 투자 소득에서 기본공제 금액을 넘는 초과분에 대해 3억 원 이하는 20%, 3억 원 초과분은 25%가 부과됩니다. 세금 체계가 바뀌면서 주식 거래에 부과되는 증권거래세는 단계적으로 인하됩니다.

정리하면, 여러분이 1년 동안 국내 주식/ETF/펀드를 통해 벌어들인 수익이 5,000만 원, 해외 주식/ELS를 통해 벌어들인 수익이 250만 원을 넘지 않으면 세금을 내지 않아도 됩니다. 5,000만 원, 250만 원을 넘는 수익이 났더라도 과거 5년 중 손실을 본 해가 있다면 그 손실만큼 내 수익에서 차감되기 때문에 더 적은 세금이 부과되죠.

마지막으로 세금을 걷는 방식, '원천징수'에 대해 이야기해볼까요? 세금을 언제, 어떻게 내는지도 매우 중요합니다. 현재 발표된 내용 기준으로는 해외 주식을 매매할 때 내는 양도소득세처럼 한 해의 매매가 다 이루어진 후 다음 해 5월에 세금을 내는 방식이 적용되지 않습니다. 대신 6개월마다 원천징수를 하겠다는 방침을 발표했죠. 구체적으로 어떤 시스템이 갖춰질지 모르겠지만, 세금을 미리 공제한 월급을 받고 연말정산 때 최종 정산을 하는 것과 같은 시스템이 구축될 확률이 높아요. 매매 수익에 대해 20%를 원천징수하고, 다음 해 5월에 양도소득세 신고를 통해 정산을 받게 되면 재투자, 복리 효과가 훼손될 수밖에 없습니다.

예를 들어 1억 원을 투자해 2억 원이 되는 시점에 매도하면 이 2억 원이 오롯이 내 투자금이 되는 것이 아니라, 1억 원 중 20%는 원천징수되어 증권사에 묶이고, 1억 8,000만 원만 투자금이 된다는 뜻입니다. 이 부분은 아직 구체적인 시행령이 나오지 않아 향후 6개월간 원천징수가 어떻게 이루어지는지, 증권사 간 통산은 되는지 등을 확인해봐야 합니다.

지금까지 투자와 관련된 세금의 현행 체계와 2023년부터 시행될 새로운 체계를 살펴봤습니다. 사실 해외 주식 투자자에게는 큰 변화가 없습니다. 기존과 비슷하게 250만 원까지는 비과세이고, 초과분은 22% 과세된다는 점을 기억하면 됩니다. 이 책을 읽는 대부분의 독자는 억 단위 이상의 큰돈을 굴리기보다는 몇 백, 몇 천만 원 단위의 돈을 굴릴 것이라고 생각하는데요. 그 정도 투자금을 굴릴 때는 세금은 기본공제 한도가 낮고 따로 양도소득세 신고를 해야 하는 해외 주식만 신경쓰면 됩니다. 국내 주식, 파생상품 등 여러 투자처에 투자하고 있거나 투자 규모가 크다면 은행, 증권사 등 금융회사의 세무 전문가에게 세금과 관련된 코칭을 받는 것도 좋은 선택입니다.

미국 주식 정보 찾기

앞서 국내 주식 가격, 사업보고서, 재무제표 등을 확인하기 좋은 사이트로 '네이버 금융'을 소개했는데요. 지금부터는 미국 주식 투자를 할 때 유용하게 활용할 수 있는 사이트와 활용법을 알아보도록 하겠습니다.

실시간 시세 확인: 야후 파이낸스와 인베스팅닷컴

증권사 애플리케이션에서 확인하는 해외 주식 가격은 실시간 시세가 아닌 15분 지연된 시세입니다. 매수/매도 주문을 넣을 때는 야후 파이낸스(finance.yahoo.com)나 인베스팅닷컴(kr.investing.com)에서 실시간 시세를 확인하는 것이 좋습니다. 현재가를 확인하고 장이 열리는 시간에 증권사 애플리케이션을 통해 지정가 주문을 넣으면 됩니다. 주식 주문을 넣는 방법은 이후에 알아보도록 하겠습니다.

- **야후 파이낸스**

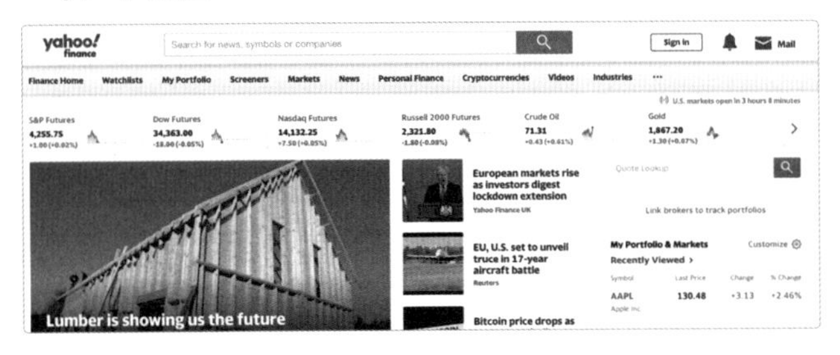

- **인베스팅닷컴**

미국 주식 재무제표 확인: stockrow.com

최근 미국 주식 투자를 하는 사람이 늘어나면서 기사, 블로그 등 정보를 확인할 수 있는 수단이 많아졌습니다. 그 중에서도 미국 주식 재무제표를 쉽고 편리하게 살펴볼 수 있는 사이트인 stockrow.com을 소개하고자 합니다. stockrow.com에 접속하면 메인 화면에서 시장 전체 움직임을 확인할 수 있고, 관심이 있는 종목을 검색해 관련 정보를 얻을 수 있습니다. 참고로 stockrow.com은 계정 정책이 계속해서 변하는 사이트인데, 무료로 제공되는 기본 계정만 사용해도 원하는 정보를 얻을 수 있습니다.

- **stockrow.com**

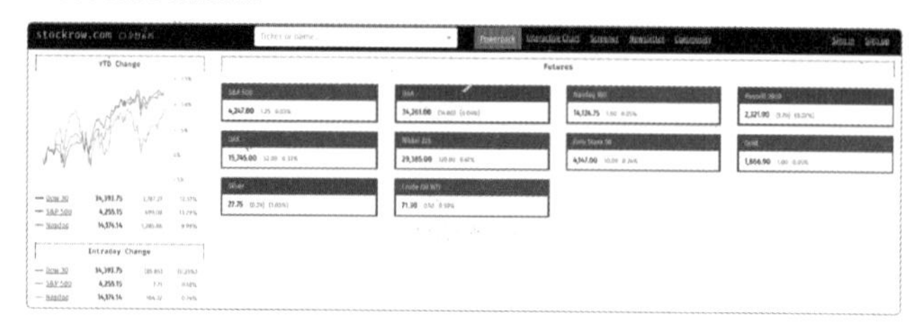

검색창에 '마이크로소프트'를 검색하면 아래와 같이 주가 추이와 재무제표의 주요 계정을 확인할 수 있습니다. 영어 계정명이 익숙하지 않은 분들은 구글 번역 등을 활용하면 한국어로 번역된 내용을 확인할 수 있으니 참고하세요.

- **마이크로소프트의 주가 추이와 재무제표의 주요 계정**

번역된 계정 이름도 이해하기 어려울 것 같다고요? 앞서 우리가 얘기했던 기업의 재무제표는 국내 기업뿐 아니라 미국 기업도 똑같이 작성합니다. 국내 기업을 보는 것과 같은 방식으로 보면 됩니다. 지금 핫한 미국 빅테크 기업들이 매출, 영업이익, 순이익을 얼마나 벌고 있는지부터 최근 주가 흐름이 어땠는지까지 꼭 확인해보세요.

그리고 재무제표의 숫자 데이터뿐 아니라 아래쪽의 '비즈니스 프로필(business profile)'을 통해 이 회사가 무슨 일을 하는지 '사업 내용'을 확인할 수도 있습니다. 이 부분은 간단하게 적혀 있으니 좀 더 디테일한 내용을 원한다면 상단 메뉴에 있는 '10-Q', '10-K'를 클릭해 우리나라의 사업보고서와 같은 서류를 찾아보면 됩니다.

● 마이크로소프트의 사업 내용

사업 소개

Microsoft Corporation은 전세계 소프트웨어, 서비스, 장치 및 솔루션을 개발, 라이센스 및 지원합니다. 이 회사의 생산성 및 비즈니스 프로세스 부문은 Office, Exchange, SharePoint, Microsoft 팀, Office 365 보안 및 규정 준수, 비즈니스 용 Skype 및 관련 CAL (클라이언트 액세스 라이센스)을 제공합니다. 그리고 Skype, Outlook.com 및 OneDrive. 또한 인재 및 마케팅 솔루션과 구독이 포함 된 LinkedIn을 제공합니다. 그리고 중소기업, 대기업 및 기업 부서를위한 클라우드 기반 및 온-프레미스 비즈니스 솔루션 세트 인 Dynamics 365. Intelligent Cloud 세그먼트는 SQL 및 Windows Server, Visual Studio, System Center 및 관련 CAL에 라이센스를 부여합니다. 개발자를위한 협업 플랫폼 및 코드 호스팅 서비스를 제공하는 GitHub; 클라우드 플랫폼 인 Azure 또한 고객이 Microsoft 서버 및 데스크탑 솔루션을 개발, 배포 및 관리 할 수 있도록 지원 서비스 및 Microsoft 컨설팅 서비스를 제공합니다. 다양한 Microsoft 제품의 개발자 및 IT 전문가를위한 교육 및 인증. 이 회사의 개인 컴퓨팅 부문은 Windows OEM 라이센스 및 Windows 운영 체제의 기타 비 볼륨 라이센스를 제공합니다. Windows 운영 체제, Windows 클라우드 서비스 및 기타 Windows 상용 제품의 볼륨 라이선스로 구성된 Windows Commercial; 특허 라이센스; Windows 사물 인터넷; 그리고 MSN 광고. 또한 Microsoft Surface, PC 액세서리 및 기타 지능형 장치를 제공합니다. Xbox 하드웨어, Xbox 소프트웨어 및 서비스를 포함한 게임; 비디오 게임 및 타사 비디오 게임 로열티; 그리고 검색, Bing 및 Microsoft 광고를 포함합니다. 유통 업체와 리셀러를 통해 제품을 판매합니다. 디지털 마켓 플레이스, 온라인 상점 및 소매점을 통해 직접 제공됩니다. Humana Inc., Nokia 및 Telkomsel과 전략적 파트너십을 맺고 있습니다. 이 회사는 1975 년에 설립되었으며 본사는 워싱턴 레드몬드에 있습니다.

실전 주식 투자

주식 시작하기

자, 투자하고 싶은 종목도 고르고, 사업보고서와 재무제표 확인도 마쳤습니다. 이제 본격적으로 주식을 사볼까요? 주식 투자를 하기 위해서는 증권사 계좌가 있어야 합니다. 여러분이 가지고 있는 증권사 계좌가 다 다를 텐데요. 인터페이스나 메뉴 구조는 다르지만 주식 매매를 하는 데 필요한 현재가/주문 화면은 거의 동일하니 책 내용을 잘 숙지한 뒤 매매를 해보기 바랍니다. 먼저 가장 기본이 되는 주식 매매 가능 시간, 주식 매매 방법에 대해 알아볼까요?

주식시장이 열리는 시간

저녁식사를 하다 문득 삼성전자의 주식을 사기로 결심했다고 가정합시다. 본인이 결심했다고 해서 당장 주식 매매를 할 수 있을까요? 아닙니다. 주식시장이 열리는 시간은 정해져 있거든요.

국내 주식시장은 오전 9시에 장이 열리고, 오후 3시 30분에 거래가 끝나는 반면, 미국 주식시장은 한국 시간으로 오후 11시 30분에 장이 열리고, 다음 날 오전 6시에 거래가 끝이 납니다. 서머타임(여름철에 표준 시간보다 1시간 시계를 앞당겨놓는 제도)이 적용되는 기간에는 오후 10시 30분에 장이 열리고, 다음 날 오전 5시에 거래가 끝이 나죠.

국내 주식시장은 정규장 시간 외에도 매매할 수 있는 방법이 있는데, 거래가 많이 이루어지는 것도 아니고 초보자들은 정규 시간만으로도 충분합니다.

미국 주식은 밤 시간에 거래가 이루어지기 때문에 본업이 있는 사람은 투자가 힘들 수도 있습니다. 이런 경우, 미국의 프리장 매매를 지원하는 증권사의 계좌를 개설하는 것이 좋습니다. 프리장은 주식시장 정규장이 열리기 전에 거래가 되는 시간을 의미해요. 우리나라 기준으로 오후 6시부터 11시 30분까지이고, 서머타임이 적용될 경우 프리장도 1시간씩 당겨지죠. 5시간 가까운 프리장 중에서 증권사마다 매매를 지원하는 시간이 다른데, 2021년 3월 말 기준 증권사 중에서는 NH투자증권이 오후 7시부터 매매가 가능하니 참고하기 바랍니다.

다른 증권사의 프리장 매매 시간이 궁금하다면 구글이나 네이버 검색창에 '미국 프리장 매매 증권사'를 검색해 보세요. 또 한 가지, 매매가 빈번한 액티브한 전략을 세우기보다는 본업에 지장이 가지 않도록 투자 기간을 중장기로 생각하고 투자하는 것도 좋은 방법입니다.

누구보다 빠르게 vs. 내가 원하는 가격에

정규장 시간에 증권사 애플리케이션에 들어가 로그인한 뒤 주식 주문 페이지를 열면 다음과 같은 화면이 나타납니다(133쪽). NH투자증권의 애플리케이션을 예로 들었는데요. 키움, 삼성, 신한 등 다른 증권사 애플리케이션을 사용해도 무방합니다. 디자인, 컬러만 다를 뿐 구성 항목은 대체로 비슷하니 본인이 계좌를 개설한 증권사 서비스를 사용하면 됩니다.

• **주식 시작하기**

출처: NH투자증권

주문은 이렇게!

1 매수, 매도 중 원하는 탭을 선택한다.

2 주문 유형을 선택한다. 현재 보통가(지정가)로 설정되어 있는데, 드롭박스를 클릭하면 지정가, 조건부지정가, 장후시간외 등 암호 같은 용어들이 나온다. 이때 당황하지 말고 지정가와 시장가 주문만 기억하면 된다.

3 시장가 주문은 주수만, 지정가 주문은 주수와 가격을 입력한 뒤 매수주문 버튼을 누른다.

오전 9시부터 오후 3시 30분까지는 주식을 사려는 사람과 팔려는 사람의 수요·공급에 의해 주식 가격이 계속 변합니다.

현재 삼성전자의 주가가 8만 원이라고 가정합시다. '조금 기다렸다가 79,000원 정도 됐을 때 사야지'라고 생각하는 사람도 있을 것이고, '계속 지켜보고 있기 귀찮아. 그냥 지금 바로 살래'라고 생각하는 사람도 있을 것입니다. 전자는 내가 원하는 가격을 지정해 주문하는 '지정가 주문 타입', 후자는 지금 시장에서 형성된 가격에 바로 매매하겠다는 거니 '시장가 주문 타입'입니다.

보통 지정가 주문을 많이 합니다. 지정가 매수 주문을 넣으면 장이 끝나기 전까지 주가가 계속 움직이다 내가 원하는 가격까지 내려오면 주문이 체결되고, 그렇지 않으면 소멸되죠. 오늘 싸게 사겠다고 지정가 주문을 걸어놨는데 주문 체결이 안 된다면 내일 다시 주문을 걸어야 해요. 주가가 상한가(+30%)를 기록한 날은 지정가 주문이 아닌 시장가 주문을 넣어도 주문이 체결되지 않을 수도 있습니다. 주문이 성사되면 체결 알람이 오는데, 애플리케이션에서 주문창의 체결 부분을 확인해보면 됩니다.

호가창 보고 주문 넣자

주식 주문을 넣을 때 보면 좋은 화면이 바로 호가창입니다.

쉽게 말해 호가창은 다른 사람들의 지정가 주문 내역을 볼 수 있게 정리해둔 것입니다.

• **호가창**

호가	잔량
381,000 -1.17%	1,749
380,500 -1.30%	2,739
380,000 -1.43%	10,791
379,500 -1.56%	4,952
379,000 -1.69%	5,353
378,500 -1.82%	3,763
378,000 -1.95%	8,148
377,500 -2.08%	6,091
377,000 -2.20%	6,512
376,500 -2.33%	4,834

출처: NH투자증권

현재가 379,000원을 기준으로 위아래로 10개의 가격과 막대, 숫자가 쭉 나와 있어요. 현재가 위쪽으로 투자자들이 현재 가격보다 비싼 가격대에 팔고 싶다고 주문을 넣어놓은 것들이 쌓여 있는데, '38만 원에 주식을 팔래'라고 지정가 주문을 넣어놓은 것이 10,791주(개)가 있다는 뜻이죠.

실제 시장에서 어떻게 거래가 이루어지는지 좀 더 자세히 알아볼까요? 부연 설명을 해드리면, 호가창이 위와 같은 상태일 때 1) 시장가로 1만 주를 사겠다는 주문이 들어오면 그 사람은 가격 상관없이 무조건 1만 주를 사겠다는 것이니 현재가 379,000원에 팔겠다고 주문을 내놓은 약 5,300개가 거래 체결되고, 남은 약 4,700개의 주문은 379,500원에 나와 있는 약 4,900개 중 일부와 거래가 체결됩니다. 2) 반대로 팔겠다는 시장가 매도 주문이 들어오면 아래 매수 호가들과 매치되어 거래가 이루어집니다.

이런 호가창 상황일 때 여러분이 38만 원에 팔겠다고 지정가 매도 주문을 넣으면 어떻게 될까요? 100주 매도 주문을 넣었다면 해당 가격대 막대 뒤에 여러분의 주문인 100주가 추가적으로 쌓입니다. 거래가 체결되려면 아래에 있는 379,000원, 379,500원대의 물량들과 38만 원에 매도 주문을 낸 앞의 물량들이 모두 빠져야 거래가 성사됩니다.

따라서 '오늘 꼭 거래가 체결됐으면 좋겠어'라는 생각을 갖고 있다면 호가창을 참고해 호가창 물량 막대가 높은 부분 안쪽 가격으로 주문을 넣을 것을 추천해요. 앞의 호가창 기준이라면 가장 많은 1만 개의 물량이 쌓여 있는 38만 원 아래가 되겠죠?

꼭 매수하고 싶은 주식이라면 여러 번으로 나눠 분할 매수를 하되, 전체 금액의 일부는 시장가 매매를 통해 먼저 매수하고 남은 금액은 지정가 주문으로 매수하는 방법도 생각해볼 수 있습니다. 사실 매매 방식은 정답이 없습니다. 여러분이 직접 매매를 해보며 본인만의 스타일을 구축하기 바라요.

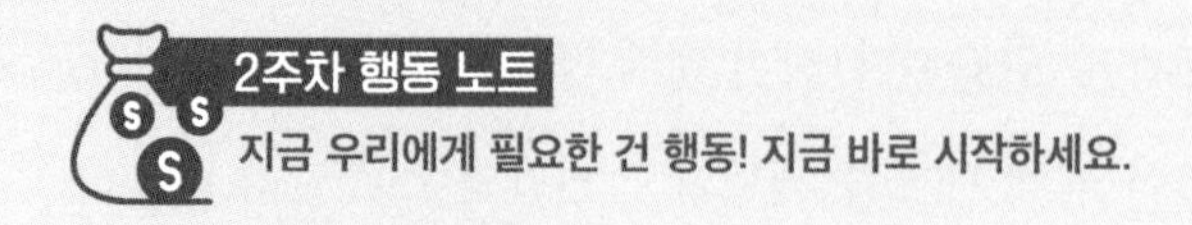

- **신용등급/점수 확인하기**

신용등급은 매우 중요한 데이터입니다. 토스 등의 애플리케이션을 통해 나의 신용등급/점수를 확인해봅시다. 신용등급/점수가 낮다면 이를 올리기 위한 방법을 찾아보고 실천해봅시다. 간단하게는 공과금과 신용카드 대금을 연체 없이 납부하고 예적금에 가입하거나 대출을 상환하는 등의 방법이 있습니다. (신용등급을 자주 조회하면 등급이 떨어진다는 이야기가 있는데요. 믿을 만한 애플리케이션을 통해 본인이 스스로 신용점수를 조회하는 것은 영향을 주지 않는다고 합니다. 금융감독원은 2011년 10월부터 단순 신용등급 조회는 신용평가에 반영하지 않도록 정책을 변경했습니다.)

- **돈을 주로 어디에 쓰는지 확인하고 투자 기회 포착하기**

현재 사용하고 있는 가계부 애플리케이션을 확인해봅시다. 지난 달 가장 크게 지출한 내역은 무엇인가요. 그 서비스를 제공하는 기업은 어디인가요? 주식 투자를 할 수 있는 기업인지 다트, 네이버 금융, investing.com 등을 통해 확인해봅시다. 국내 기업이라면 다트에 접속해 사업보고서를 보며 최근 매출액, 영업이익, 순이익 추이를 확인해봅시다. 해외 기업이라면 investing.com을 통해 거래 가능한 종목인지 확인하고, 한 주당 가격이 얼마인지, 현재 환율 기준으로 한국 돈(원화)이 얼마나 필요한지 계산해봅시다.

- **주식 투자 시작하기**

나는 ____월 ____일까지 증권사 국내 계좌를 개설하고 ________원을 증권 계좌에 이체할 생각입니다. (실제로 하셨죠? 요즘은 비대면 계좌도 많습니다.)

나는 ____월 ____일까지 증권사 해외 계좌를 개설하고 ________원을 증권 계좌에 이체할 생각입니다. (실제로 하셨죠? 요즘은 비대면 계좌도 많습니다.)

가장 먼저 증권사 계좌를 개설하고 주식 투자금을 증권 계좌에 이체합니다. 그리고 주식 주문 창에 관심 있는 종목을 검색하고 지정가 또는 시장가 주문을 넣습니다.

- **본격적으로 주식 투자하기**

본격적인 매매를 위해서는 봉차트를 읽는 기본적인 방법을 알아둘 필요가 있습니다. 네이버나 다음 등의 포털사이트에서 '봉차트'를 검색해보세요. 그리고 140쪽의 봉차트 빈칸에 각각 상승, 하락, 시가, 고가, 저가, 종가를 알맞게 채워보세요. (답은 263쪽에)

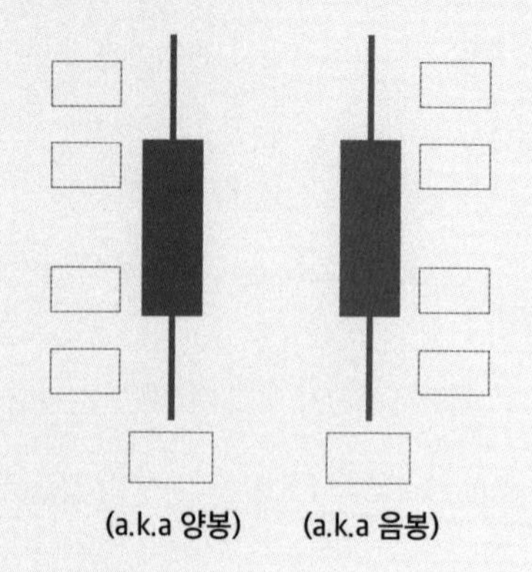
(a.k.a 양봉)
(a.k.a 음봉)

memo

3주차

좀 더 열심히 투자해봅시다

3주차에는 좀 더 난이도를 올려볼까요? 여러분이 은행이나 증권사에서 한 번쯤 추천받은 펀드부터 ELS, ETF까지 다양한 투자처를 살펴보려 합니다. 어렵게 느껴질 수도 있지만 결국 이 상품들은 앞서 이야기한 주식, 채권이라는 기초 재료를 가지고 요리한 결과물이라 할 수 있어요. 각 상품의 기본적인 개념부터 괜찮은 상품을 고르기 위한 조건까지 알아보도록 합시다.

주식 vs. 펀드 vs. ETF

투자를 여행에 비유한다면

코로나19가 종식되면 뉴욕으로 여행을 가볼까요? 큰맘 먹고 가는 여행인 만큼 계획을 잘 세워야겠죠? 여러분은 여행 준비를 어떻게 하나요? 20~30대는 여행사를 통한 패키지여행보다 본인 계획에 따라 자유롭게 다니는 자유여행을 선호하는 것 같아요. 갑자기 뜬금없이 무슨 여행이냐고요? 앞으로 설명할 펀드, ETF, 개별 주식 투자의 개념이 패키지여행, 자유여행의 개념과 유사하기 때문입니다. 뉴욕 여행을 갈 때 패키지여행으로 갈 것인지, 자유여행으로 갈 것인지 선택하듯, 투자를 할 때에도 선택할 수 있는 선택지가 여럿 있습니다.

자유여행은 개별 주식 투자 같은 개념입니다. 인터넷,

책 등을 살피며 직접 여행지를 정하듯 여러 자료를 살펴보고 내가 사고 싶은 주식만 골라 사는 것이죠. 미국 주식 투자를 고민하고 있다면 여러 주식에 대한 정보를 찾아보고 '아마존'이라는 주식만 살 것이라고 결정해 투자하는 방법입니다.

자유여행 선호
가이드 있는 여행은 싫어! 내가 직접 알아보고 가고 싶은 곳만 갈래.

= 개별 주식 투자

내가 직접 주식 공부를 한 뒤 아마존, 구글, 넷플릭스 중에서 투자할 곳을 선택해야지!

여행 정보를 찾아볼 시간이 없거나 방법을 모르는 분들은 여행사에서 처음부터 끝까지 계획을 짜주는 패키지여행이 편할 거예요. 마찬가지로 "주식 투자를 해보고 싶은데 뭘 어떻게 해야 할지 모르겠어. 주식 공부를 할 시간도 없고"라고 말하는 분들이 있습니다. 이런 분들을 위한 주식형 펀드는 "그럼 내게 돈을 맡겨. 내가 대신 공부해서 좋아 보이는 주식을 사줄게!"라고 말하는 펀드매니저에게 돈을 맡기는 거예요. 펀드매니저가 돈을 대신 굴려주고, 그에 따른 수익 혹은 손실을 얻게 되는 구조이죠. 그리고 그 대가로 펀드매니저에게 정해진 비용을 지불해야 합니다.

미국 주식 투자를 하고 싶으신 분들, 아마존, 구글, 애플 등 개별 주식을 찾아보는 것이 귀찮거나 어려우신 분들은 패키지여행처럼 알아서 미국 주식을 사주는 미국 주식형 펀드에 투자하는 방법을 선택하면 됩니다.

패키지여행 선호
여행 정보를 찾아볼 시간이 없어. 그곳을 가장 잘 아는 전문가에게 내 여행을 맡길래.

= 펀드 투자

펀드매니저, 나는 주식을 잘 모르니 나 대신 주식 투자 좀 해줘!

마지막으로 ETF에 대해 이야기해볼까요? 여러분이 뉴욕 여행을 계획할 때 패키지여행과 자유여행 외에 한 가지 선택지가 더 있습니다. '이 코스대로 여행하면 됩니다' 하

공인 여행 선호
국가 공인 여행 코스가 있네. 패키지여행보다 비용도 저렴해.

= ETF투자

대표 지수를 참고해 주식을 사면 되니 참 쉽네.

고 국가에서 공개한 공인 여행 코스가 바로 그것이죠. 국가가 공개한 코스대로 여행하면 유명 여행지를 모두 둘러볼 수 있고, 여행사를 끼지 않아도 되니 패키지여행보다 비용도 저렴해요.

이것을 재테크에 치환해 이야기하면, 내가 주식 투자를 하고 싶은데 국가 공인 여행 코스처럼 국가에서 지정해준 주식 리스트가 있는 것입니다. 이 공인 주식 리스트를 '지수(index)'라 부르죠.

우리나라 주식시장에는 '코스피200'이라는 지수가 있습니다. 이는 한국거래소에서 주식의 사이즈, 업종, 펀더멘탈(fundamental, 기업이 가진 경제적인 능력이나 가치, 잠재적 성장 등을 나타내는 데이터. 기업의 매출 혹은 순이익이 좋은지 나쁜지 등이 기업의 펀더멘탈 지표에 해당) 등을 고려해 우리나라를 대표하는 대형주 200개를 제시한 것입니다.

미국에도 S&P500, 다우, 나스닥지수라는 대표 지수가 있습니다. 이 지수들은 단순히 종목 리스트만 보여주는 것이 아니라, 각 종목을 얼마나 사야 하는지 비중도 공개하고 있습니다. 즉 미국에 투자하고 싶다면 어떤 종목을 살까 고민할 필요 없이 S&P500지수가 알려주는 500개의 종목을 그 비중대로 투자하면 되는 것이죠. 그런데 여러분이 500개의 종목을 일일이 매수하기가 쉽지 않을 거예요.

이럴 때 ETF를 사면 이 번거로운 문제를 해결할 수 있습니다. ETF 운용사는 여러 투자자에게 받은 투자금을 정해진 지수대로 투자합니다. S&P500 ETF 1주를 매수함으로써 미국 대표 주식들에 투자한 효과를 볼 수 있죠. 게다가 ETF는 투자 대가로 지불하는 비용이 펀드 대비 저렴하다는 장점이 있습니다.

주식을 예로 들어 이야기했지만 채권 역시 마찬가지로 적용할 수 있습니다. 채권 투자를 하고 싶다면 채권시장에 대해 공부한 뒤 자신이 원하는 채권을 골라 투자하면 되지만, 이 과정이 어렵고 귀찮은 투자자는 미국 장기 국채 ETF나 미국 회사채 펀드 등 투자하고자 하는 대상에 대신 투자해주는 펀드나 ETF를 활용하면 됩니다.

주식, 펀드, ETF의 공통점과 차이점

개별 주식, 펀드, ETF 투자에 대한 개념이 어느 정도 잡혔나요? 이들의 공통점과 차이점을 한 번 더 정리해볼게요. 우선 펀드와 ETF는 내가 투자 대상을 직접 찾아보고 결정할 필요 없이 다른 이에게 운용을 맡긴다는 공통점이 있습니다. 또한 여러 대상에 투자하기 때문에 펀드 하나 혹은 ETF 1주를 사도 분산투자가 가능합니다.

단, 세부적인 운용 방법은 다른데요. 보통 펀드는 투자를 펀드매니저 개인의 역량에 맡기고, ETF는 정해진 지수대로 투자합니다. 이 때문에 개별 펀드의 수익률은 펀드매니저의 역량에 따라 큰 편차를 보입니다. 능력 있는 펀드매니저를 선택한다면 시장수익률 대비 높은 성과를 올릴 수 있겠지요. 하지만 반대의 경우에는 투자 성과가 좋지 않겠죠?

ETF는 1등은 하지 못하지만 꾸준히 평균을 유지하는 아이라고 생각하면 됩니다. 최근 ETF시장이 커지고 많은 관심을 받고 있는 이유는 펀드 대비 저렴한 비용으로 비교적 안정적이고 '양호한 성과'를 얻을 수 있기 때문입니다. (여기서 '양호한 성과'란 미국 주식시장 전체가 10% 하락할 때 ETF만 플러스 수익률을 기록한다는 의미가 아닙니다. 펀드나 ETF도 마찬가지로 해당 대상, 여기서는 미국 주식을 분산투자해 가져가기 때문에 수익률은 비슷하게 연동됩니다. 다만, 하락폭이 -7%로 비교 대상인 시장 전체보다 더 작다면 양호한 성과라고 표현할 수 있습니다.)

운용 방법 외 또 하나의 차이는 가입(투자) 절차입니다. 펀드는 은행이나 증권사를 통해 가입하면 되고, ETF는 주식과 마찬가지로 증권사 계좌를 개설한 뒤 주식시장이 열리는 오전 9시부터 오후 3시 30분 사이에 매수·매도 주문을 넣으면 됩니다. 하루 중에도 주식 가격이 계속 변하듯, 시장에서 거래되는 ETF도 시장 상황을 반영해 가격이 계속 출렁입니다.

반면 펀드는 그렇지 않아요. 하루에 가격(기준가)이 하나만 생기죠. 이런 차이 때문에 하루 이틀 사이의 초단기 매매는 ETF를 통해 투자해야 합니다. ETF는 아침 9시에 사서 장이 끝나기 전에 가격이 상승하면 파는 매매가 가능합니다. 반면, 펀드는 이런 방식이 불가능합니다.

좋은 펀드를 고르는 방법

3가지 포인트

패키지여행은 여행지를 선정하면 여행사가 세부 계획을 짜줍니다. 그런데 어떤 여행사를 선택하느냐에 따라 내 여행이 최고의 여행이 될 수도, 최악의 여행이 될 수도 있습니다. 펀드도 마찬가지예요. 내가 가입한 펀드의 펀드매니저 실력에 따라 내 수익률이 좋을 수도, 나쁠 수도 있죠. 따라서 같은 '미국 주식'이라는 대상에 투자하는 펀드라 하더라도 면밀히 살펴보고 '괜찮은' 펀드를 고르는 게 중요합니다.

그렇다면 괜찮은 펀드를 고르기 위해선 어떤 항목을 확인해야 할까요? 펀드는 패키지여행과 같다고 했죠. 우리가 좋은 여행 가이드를 고르기 위해 어떤 요소들을 살피는지 생각해보면 됩니다. 크게 3가지를 말씀드릴 텐데요. 아래에 내용을 요약해두었으니 참고하기 바랍니다. 또한 여러분이 직접 분석을 해볼 수 있도록 펀드 정보를 확인할 수 있는 한국포스증권(www.fosskorea.com)에서의 데이터 확인법도 알려드릴게요.

여행 가이드를 선택할 때는 다음과 같은 요소 확인!

1. 어떤 코스로 여행이 진행되는지: **펀드명**, 운용 전략, **운용사**
2. 이 가이드를 이용한 사람들의 후기가 어떤지: 과거 수익률, **판매액**
3. 다른 가이드와 비교했을 때 비용이 너무 비싸지 않은지: 총보수

운용 전략을 살펴라

첫 번째로 살펴봐야 할 요소는 운용 전략입니다. 미술을 좋아하지 않는데 파리 미술관 투어를 할 순 없잖아요? 펀드도 마찬가지입니다. 같은 미국 주식에 투자하는 펀드라 하더라도 미국의 IT기업에 투자하는지, 정유주에 투자하는지에 따라 성과가 다를 것입니다. 따라서 가장 먼저 내가 납입한 돈이 내가 관심을 갖고 있는 업종 혹은 테마에 투자되는지 구체적인 운용 전략을 살펴야 합니다.

네이버 금융이나 한국포스증권에 접속하면 필요한 정

보를 확인할 수 있습니다. 한국포스증권에서는 국내 주요 47개 자산운용사의 펀드 정보를 확인할 수 있고, 증권사를 통해 매매하는 것보다 저렴하게 펀드를 매매할 수 있어요.

미국 등 북미 시장에 투자하는 펀드 정보를 확인하려면 한국포스증권 메인 화면에서 '펀드>해외펀드'를 클릭한 뒤 해외 주식형 펀드 중 '북미주식'을 클릭하면 됩니다. 이 리스트에서 펀드들의 수익률을 대략적으로 살핀 뒤 관심이 가는 펀드를 클릭하면 상세 정보를 확인할 수 있습니다.

• 한국포스증권 메인 화면

• 한국포스증권에서 '북미주식 펀드' 검색하기

자, 그럼 이제 'AB 미국그로스증권투자신탁'이라는 펀드를 예로 들어 어떻게 펀드 정보(전략, 수익률, 보수 등)를 살펴봐야 하는지 알아볼까요? 이 펀드는 이름에서 알 수 있듯 미국 주식 중에서도 '성장성(growth)'이 눈에 띄는 종목들에 투자하는 펀드입니다. 펀드명 아래에 기재된 운용 전략 요약에도 '높은 이익 성장이 예상되는 미국 우량 성장주 투자를 통해 장기적인 자본 증식 추구'라고 적혀 있네요.

• AB미국그로스증권투자신탁 상세 화면

출처: 한국포스증권

반대로 '미래에셋 미국배당프리미엄증권자투자신탁'은 안정적인 '배당' 수익을 추구하며 배당을 많이 지급하는 고배당주에 투자하는 펀드입니다. 같은 미국 주식에 투자하지만 전략에 따라 펀드수익률이 달라집니다.

• 미래에셋 미국배당프리미엄증권자투자신탁 상세 화면

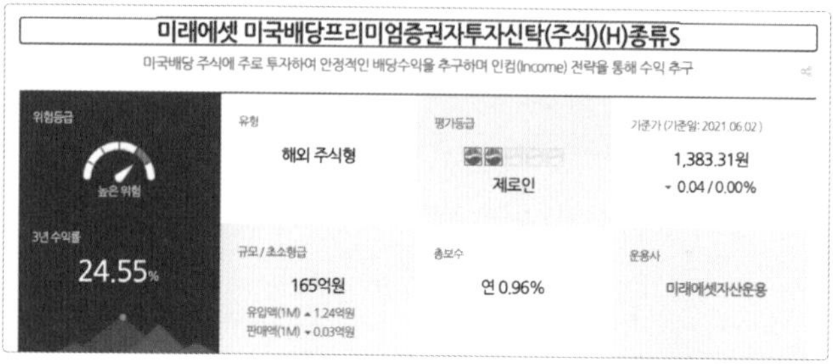

미래에셋 미국배당프리미엄증권자투자신탁(주식)(H)종류S
미국배당 주식에 주로 투자하여 안정적인 배당수익을 추구하며 인컴(Income) 전략을 통해 수익 추구
위험등급
높은 위험
3년 수익률
24.55%
유형
해외 주식형
평가등급
제로인
기준가 (기준일: 2021.06.02)
1,383.31원
▾ 0.04 / 0.00%
규모 / 초소형급
165억원
유입액(1M) ▴ 1.24억원
판매액(1M) ▾ 0.03억원
총보수
연 0.96%
운용사
미래에셋자산운용

출처: 한국포스증권

그렇다면 펀드 이름에 '인덱스'나 '패시브'가 들어가는 건 뭘까요? 앞서 ETF는 특정 주가지수의 움직임에 따라 수익률이 결정되는 펀드라고 말씀드렸는데요. 인덱스 펀드 혹은 패시브 펀드는 ETF처럼 정해진 지수를 그대로 추종하는 전략을 취하는 펀드입니다. 펀드매니저 개인의 생각보다는 정해진 룰을 따르는 거죠.

펀드 중에는 인핸스드 패시브(enhanced passive) 전략을 택하는 경우도 많은데, 이 강화된 패시브 전략은 기본적으로는 정해진 지수를 따라 사되, 비중을 다르게 가져가거나 다른 종목을 사는 방식으로 지수보다 조금 더 높은 수익률을 올리려는 겁니다.

수익률 비교는 필수

두 번째로 살펴봐야 할 요소는 과거 수익률입니다. 보통 여행 가이드를 선택하기 전에 그 가이드를 통해 여행한 사람들의 후기를 찾아보죠. 펀드 역시 과거의 성과를 확인해야 합니다. 수익률이 높을수록 좋지만, 이를 확인하는 것만으로는 부족합니다. 꾸준히 좋은 성과를 내는지를 나타내는 변동성도 확인해야 하고, 비슷한 대상에 투자하는 다른 펀드들과 수익률 비교도 해야 합니다.

미국 주식시장 전체가 10% 하락할 때 해당 펀드는 상대적으로 얼마나 덜 혹은 더 빠졌는지를 확인해보는 것이죠. 유형 평균 대비 초과수익률을 봐도 되고, 수익률 확인 화면(〈AB미국그로스증권투자신탁〉 도표 하단의 '성과는 어땠나요?' 부분)에서 퍼센트 순위를 체크해봐도 됩니다. 퍼센트 순위는 펀드의 수익률을 기준으로 1등부터 100등까지 순위를 매겼을 때 해당 펀드의 등수를 의미합니다. 상위권 등수를 꾸준히 유지할수록 괜찮은 펀드라고 할 수 있겠죠? 변동성을 의미하는 수익률의 표준편차를 체크하는 방법도 있습니다. 이 표준편차가 작을수록 안정적인 성과를 내는 펀드라고 생각하면 됩니다.

미국 배당 펀드 데이터를 살펴볼까요?(158쪽) 장기 성과

(1년 이상)는 상위권을 유지했지만, 최근 1개월 수익률은 부진한 것을 확인할 수 있습니다. 이 데이터를 가져온 시점은 코로나19 영향으로 시장이 급락하고 회복한 직후였고, 반등 국면에서 상대적으로 배당주의 수익률은 좋지 않았습니다.

개인적으로는 성과가 너무 들쭉날쭉한 펀드보다는 중상위권을 꾸준히 유지하는 펀드가 낫다고 생각합니다. 펀드는 단기로 저가에 사서 가격이 오르면 매도하는 전략을 취하는 투자자보다 1년 이상 긴 시간을 투자하는 투자자가 많기 때문입니다. 긴 기간 안정적으로 성과를 내는 게 중요하죠.

• 미국 배당 펀드 데이터 예시

구분	1개월	3개월	6개월	1년	2년	3년	5년	설정 후
수익률	10.02%	-11.72%	-6.93%	-3.18%	14.69% (연 7.08%)	20.51% (연 6.41%)	-	19.93%
비교지수	13.75%	-11.39%	-5.72%	-2.18%	7.93% (연 3.88%)	18.50% (연 5.82%)	-	23.94%
유형 평균	13.56%	-7.13%	-1.29%	2.81%	15.59% (연 7.50%)	29.22% (연 8.91%)	-	-
퍼센트 순위	91/100	38/100	44/100	33/100	25/100	16/100	-	-

출처: 한국포스증권

가성비를 따질 것

마지막으로 살펴봐야 할 요소는 총보수입니다. 이는 내가 돈을 맡긴 대가로 지불하는 비용입니다. 여행 가이드를 선택하기에 앞서 여행 코스와 리뷰를 확인했다면, 이 여행사가 다른 곳과 비교했을 때 비용이 너무 비싸지는 않는지 '가성비'를 체크할 필요가 있습니다. 펀드도 마찬가지로 비용을 고려해야 하고, 이를 나타내는 값이 총보수입니다.

아래의 한국포스증권 화면을 보면 펀드별 총보수를 확인할 수 있는데요. 시장수익률을 초과하는 수익을 올리기 위해 펀드매니저가 적극적으로 운용 전략을 펴는 액티브 펀드와 비교했을 때 패시브 전략을 쓰는 인덱스 펀드가 훨씬 저렴한 비용을 수취합니다.

일반적으로 해외 주식에 투자하는 펀드들은 1% 내외의 총보수를 받습니다. 총보수가 1%인 펀드에 1,000만 원을 납입하면 연간 10만 원이 비용으로 나가는 것이죠. 총보수는 여러분이 투자한 기간에 비례해 책정되기 때문에 펀드를 오래 보유할수록 비용이 늘어납니다.

- **펀드별 총보수**

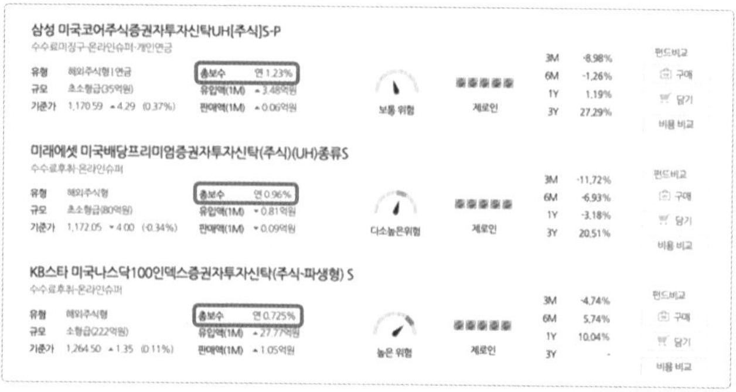

삼성 미국코어주식증권자투자신탁UH[주식]S-P
수수료미징구-온라인슈퍼-개인연금

유형	해외주식형	연금	총보수	연 1.23%	보통 위험	3M	-8.98%
규모	초소형급(35억원)		유입액(1M)	▲3.48억원	제로인	6M	-1.26%
기준가	1,170.59 ▲4.29 (0.37%)		판매액(1M)	▲0.06억원		1Y	1.19%
						3Y	27.29%

펀드비교 / 구매 / 담기 / 비용 비교

미래에셋 미국배당프리미엄증권자투자신탁(주식)(UH)종류S
수수료후취-온라인슈퍼

유형	해외주식형		총보수	연 0.96%	다소높은위험	3M	-11.72%
규모	초소형급(80억원)		유입액(1M)	▼0.81억원	제로인	6M	-6.93%
기준가	1,172.05 ▼4.00 (-0.34%)		판매액(1M)	▼0.09억원		1Y	-3.18%
						3Y	20.51%

펀드비교 / 구매 / 담기 / 비용 비교

KB스타 미국나스닥100인덱스증권자투자신탁(주식-파생형) S
수수료후취-온라인슈퍼

유형	해외주식형		총보수	연 0.725%	높은 위험	3M	-4.74%
규모	소형급(222억원)		유입액(1M)	▲27.77억원	제로인	6M	5.74%
기준가	1,264.50 ▲1.35 (0.11%)		판매액(1M)	▲1.05억원		1Y	10.04%
						3Y	-

펀드비교 / 구매 / 담기 / 비용 비교

출처: 한국포스증권

펀드는 한때 '국민 재테크'라 불릴 정도로 큰 인기를 끌었습니다. 그런데 최근에는 트렌드가 조금 달라졌습니다. 전통적인 액티브 펀드보다는 지수를 추종하는 ETF와 패시브 펀드에 대한 관심이 높아졌죠. 국내 주식시장이 장기간 박스권에 머물면서 액티브 펀드들의 성과가 그렇게 좋지 않았고, 비교적 높은 비용(보수)이 투자자들에게 부담으로 작용한 결과입니다.

게다가 액티브 펀드에서 추구하는 '시장을 이기는 투자 전략'을 짜기란 굉장히 어렵습니다. 미국 프린스턴 대학의 버튼 멜키엘(Burton Malkiel) 교수는 "원숭이들에게 신문의 주식란에 다트를 던지게 한 뒤 다트에 맞은 주식에 투자하는 것이 투자 전문가들의 포트폴리오보다 높은 수익을 낸다"라고 말했습니다. 심지어 이는 실험으로 검증되기도

• **펀드 유형별 설정액 추이**

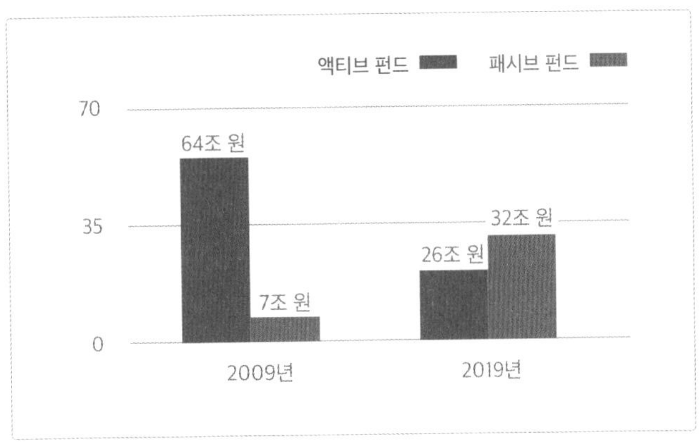

출처: 한국펀드평가

했죠. 많은 투자자가 비싼 비용을 지불하고 액티브 펀드에 돈을 맡기는 것에 회의감을 느끼면서 ETF와 패시브 펀드 시장으로의 자금 유입이 많아지고 있습니다.

ETF는 이렇게 살펴보세요

ETF를 시작하기 전에

이제 ETF에 대해 좀 더 자세히 알아볼까요? ETF는 '1) 오전 9시부터 오후 3시 30분까지 장이 열릴 때 주식처럼 가격을 보고 매도·매수할 수 있다. 2) 기초지수를 그대로 따라 사는 전략을 취해 비교적 비용이 저렴하다'라는 장점이 있습니다. 이러한 매력을 기반으로 시장 규모가 점점 커지고 있는데요. ETF를 고를 때는 펀드와 마찬가지로 기초지수, 거래 대금, 비용 등의 항목을 확인해야 합니다. 여러분이 바로 투자로 연결시킬 수 있도록 한국 주식시장에서 거래되는 ETF 정보를 보며 이야기해볼게요.

네이버 금융에 접속해 '국내증시>ETF'를 클릭하면 아래와 같은 화면이 나옵니다. ETF가 투자해주는 대상에 따라 국내 시장지수, 국내 업종/테마, 국내 파생, 해외 주식, 원자재, 채권, 기타로 나뉘죠. ETF를 통해 국내 주식뿐 아니라 해외 주식, 원자재, 채권, 달러 등 외환에도 투자를 할 수 있습니다.

- **ETF를 알아보자**

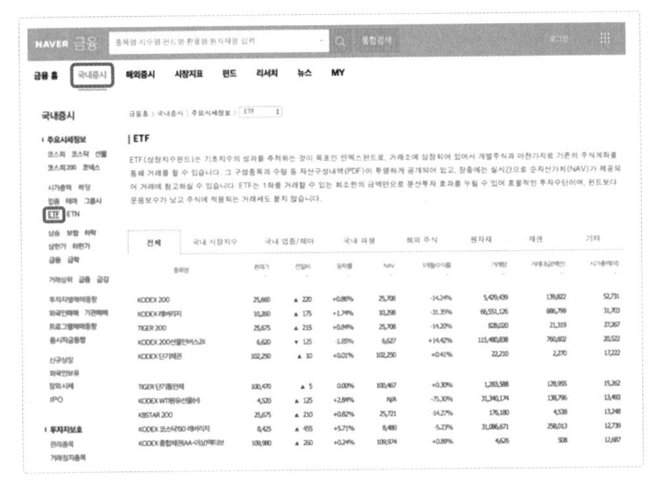

출처: 네이버 금융

ETF를 고를 때는 가장 먼저 이 ETF가 어디에 투자하는지를 나타내는 기초지수를 확인해야 합니다. 기초지수는 투자 대상과 투자 비중이 정해져 있는 리스트를 말해요. 투자 대상과 투자 비중이 정해져 있기 때문에 투자했을 때의 수익률을 쉽게 계산할 수 있죠. 기초지수는 모든 사람에게 공개되는데, 개인 투자자가 이 리스트를 보고 적게는 수십 개, 많게는 수백 개의 종목을 일일이 주문을 넣어 투자하기란 상당히 번거롭습니다. 그래서 ETF를 사면 내 돈을 해당 지수(리스트)대로 알아서 사주는 방식이 등장했고, 그렇게 ETF시장은 빠르게 성장하게 되었습니다.

기초지수는 보통 ETF의 이름에 드러납니다. ETF의 이름을 살펴보면 KODEX200, KODEX레버리지, TIGER200, KBSTAR200 등이 있습니다. 여기서 앞에 붙어 있는 KODEX(코덱스), TIGER(타이거), KBSTAR 등은 브랜드명이라고 생각하면 됩니다.

삼성전자가 새로운 스마트폰을 내놓을 때마다 브랜드인 '갤럭시'를 넣어 '갤럭시 S21'과 같이 이름 붙이는 것처럼 삼성자산운용에서 만든 ETF에는 'KODEX'를, 미래에셋자산운용에서 만든 ETF에는 'TIGER'를 붙이는 방식이죠.

이 브랜드명 뒤에 기초지수가 나옵니다. 코덱스200의 기초지수는 코스피200이에요. 이 지수는 우리나라를 대표하는 우량한 200종목과 각 투자 비중이 담긴 리스트입니다. 코덱스200을 매수하면 내 돈을 우리나라 우량주 200개에 분산해 투자하는 거라 생각하면 됩니다. 이름에서 바로 기초지수가 보이는 경우도 있지만, 그렇지 않은 경우 ETF를 클릭하면 아래와 같은 화면을 볼 수 있습니다. 여기서 오른쪽에 있는 '기초지수' 부분을 보면 되죠. 즉 코덱스200은 삼성자산운용에서 내놓은 코스피200을 추종하는 ETF입니다.

• **코덱스200 상세 화면**

출처: 네이버 금융

기초지수를 확인했는데, 이건 뭐지?

코스피200과 같은 지수는 '국내 우량 대형주 200종목에 투자하는 것이구나' 하고 알아챌 수 있지만 그렇지 않은 경우는 어떻게 해야 할까요? 'TIGER 중국 소비 테마'라는 ETF를 예로 들어볼게요. ETF 이름을 통해 '중국인 소비와 관련된 주식을 사겠구나' 하고 추측할 수 있겠죠?

정확하게 기초지수를 확인해보면 이 상품은 에프앤가이드(FnGuide) 중국내수테마 지수를 추종하는 ETF입니다. 해당 지수는 거래소에서 제시하는 것이 아니라 S&P의 S&P500지수처럼 에프앤가이드(S&P처럼 국내 종목들을 대상으로 지수를 만들고 관리하는 국내 업체)가 내놓은 지수입니다.

네이버 금융에 접속한 뒤 개별 ETF 상세 화면에서 'ETF 분석'을 클릭하면 '상품 설명' 부분에 이 지수에 들어가는 종목을 어떻게 선정하는지 자세히 나와 있습니다.

글을 읽어보니 중국에서 매출이 발생하거나, 중국인을 대상으로 하는 사업을 영위하거나, 중국에서 사업을 진행하고 투자할 계획이 있는 종목에 투자한다고 합니다. 그런데 이런 조건을 만족하는 종목은 굉장히 많겠죠? 따라서 ETF는 기본적인 기준을 만족하는 종목 중에 재무 및 경영 건전성을 분석해 괜찮은 상위 종목에만 투자하게 됩니다.

• **ETF 분석 내용**

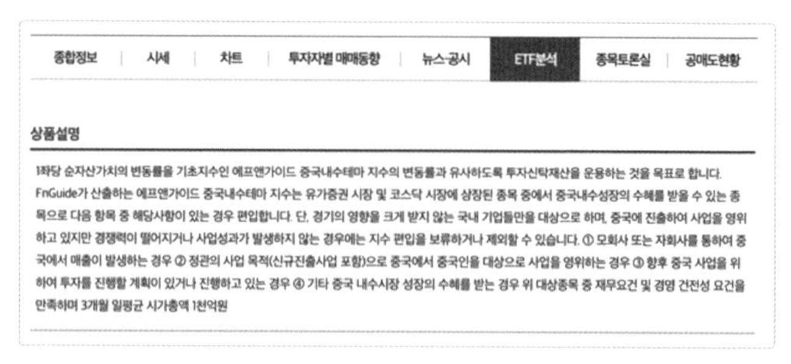
종합정보 | 시세 | 차트 | 투자자별 매매동향 | 뉴스·공시 | ETF분석 | 종목토론실 | 공매도현황

상품설명

1좌당 순자산가치의 변동률을 기초지수인 에프앤가이드 중국내수테마 지수의 변동률과 유사하도록 투자신탁재산을 운용하는 것을 목표로 합니다. FnGuide가 산출하는 에프앤가이드 중국내수테마 지수는 유가증권 시장 및 코스닥 시장에 상장된 종목 중에서 중국내수성장의 수혜를 받을 수 있는 종목으로 다음 항목 중 해당사항이 있는 경우 편입합니다. 단, 경기의 영향을 크게 받지 않는 국내 기업들만을 대상으로 하며, 중국에 진출하여 사업을 영위하고 있지만 경쟁력이 떨어지거나 사업성과가 발생하지 않는 경우에는 지수 편입을 보류하거나 제외할 수 있습니다. ① 모회사 또는 자회사를 통하여 중국에서 매출이 발생하는 경우 ② 정관의 사업 목적(신규진출사업 포함)으로 중국에서 중국인을 대상으로 사업을 영위하는 경우 ③ 향후 중국 사업을 위하여 투자를 진행할 계획이 있거나 진행하고 있는 경우 ④ 기타 중국 내수시장 성장의 수혜를 받는 경우 위 대상종목 중 재무요건 및 경영 건전성 요건을 만족하며 3개월 일평균 시가총액 1천억원

출처: 네이버 금융

코덱스200, 타이거200은 브랜드가 다를 뿐이지 결국 코스피200이라는 같은 대상에 투자하는 ETF입니다. 만약 국내 대형주, 코스피200에 투자하기로 마음먹었다면 코덱스200, 타이거200 등 코스피200을 추종하는 여러 ETF 중 하나를 선택해야 해요. 그렇다면 어떤 기준으로 ETF를 골라야 할까요? 다양한 기준이 있지만 거래 대금과 비용을 반드시 확인해야 합니다.

거래 대금은 하루에 이 ETF를 사고파는 금액을 나타냅니다. 같은 조건이라면 충분한 거래 대금이 나오는 ETF를 거래하는 게 좋아요. 거래 대금이 하루에 100만 원도 되지 않는 ETF도 많은데, 이런 ETF는 현재가라고 나와 있는 가격에 사거나 팔지 못할 가능성이 큽니다. 예를 들어, 하루에 100만 원도 거래가 안 되는 ETF를 500만 원어치 보유하고 있다가 팔려고 하는데 시장에 사주는 사람이 없다면 거래가 어렵겠죠. 이때 매매가 아예 안 되는 건 아니고, ETF 운용사와 계약한 유동성 공급자(LP, Liquidity Provider)가 거래 상대자가 되어줍니다.

예를 들어 설명해볼게요. 'ARIRANG 스마트베타Quality채권혼합'이라는 ETF는 거래 대금이 충분하지 않은 상품입니다. 2021년 5월 기준 일평균 거래 대금이 100만 원 정도에 불과하죠. 이 ETF의 현재가는 10,205원인데, 이 가격에 ETF를 팔고 싶은 사람이 현재가에 주문을 내도 체결이 되지 않습니다. 왜일까요? 호가창을 살펴보면 이유를 알 수 있습니다.

● ARIRANG 스마트베타Quality채권혼합 호가창

10,205
15 ▲0.15%

호가 차트 체결 일별 거래원 투자자

매도 잔량	호가	등락률	매수 잔량
1	10,355	1.62%	
1	10,305	1.13%	
1	10,255	0.64%	
5,000	10,225	0.34%	
5,000	10,220	0.29%	
4,994	10,210	0.20%	
체결강도 200.00%	10,205	0.15%	1
	10,195	0.05%	8
	10,190	0.00%	5,016
	10,185	-0.05%	1
	10,170	-0.20%	5,000
	10,165	-0.25%	5,000
14,997	정규장		15,026

출처: 증권플러스

팔겠다고 주문을 내놓은 매도 호가창을 보면 10,210원부터 물량이 있고, 반대로 사겠다고 주문을 내놓은 매수 호가창을 보면 10,205원에는 1주, 10,195원에는 겨우 8주의 주문이 있습니다. 물량이 5,000주씩 많이 쌓여 있는 주문은 ETF가 계약한 유동성 공급자가 제시한 것입니다. 이때 이 ETF를 보유한 투자자가 100주를 팔겠다고 주문을 내면 9(1+8)주가 거래되고, 남은 물량은 현재가보다 아래인 10,190원에 체결됩니다.

거래 대금이 적어 유동성 공급자가 내놓은 주문만 있는 경우에는 현재가보다 비싼 가격에 사고, 저렴한 가격에 팔아야 하는 문제가 생깁니다. 투자자에게 불리하죠. 같은 조건이라면 거래 대금이 충분한 ETF를 고르는 것이 중요한 이유입니다.

거래 대금을 확인한 다음에는 비용을 확인해야 합니다. 방법은 어렵지 않아요. 네이버 금융에 접속해 ETF를 검색하면 상세 화면이 나오는데, 오른쪽의 '펀드 보수'를 확인하면 됩니다. 같은 기초지수에 투자하는 ETF 중 이왕이면 비용이 저렴한 것이 좋습니다. 비용은 여러분이 투자한 기간에 비례해 산정됩니다. 연 운용 보수가 0.3%인 ETF에 1년간 1,000만 원을 투자했다면, 비용은 1,000만 원의 0.3%인 3만 원입니다. 이 운용 보수는 여러분이 매수나 매도를 할 때 따로 지불하는 게 아니라 매일매일 ETF 가격에 반영되어 있습니다.

코스피200을 따라간다는 ETF, 정말 그럴까?

실제 투자를 위해 기초자산과 거래 대금을 확인한 뒤 코스피200을 추종하는 코스닥200이라는 ETF를 골랐습니다. 그런데 투자한 뒤 수익률을 체크하니 뭔가 이상합니다! 코스피200은 1.3% 올랐는데, 내 ETF는 1.0% 오른 데 그친 것이죠. ETF 운용사는 매일 기초자산의 수익률을 그대로 복제해 ETF 수익률도 이와 같게 만들려고 하지만, 여러 가지 이유로 수익률 차이가 발생합니다. S&P500 등 해외 기초자산에 투자하는 ETF라면 수익률 차이는 더 커집니다.

기초자산과 ETF 실제 수익률의 차이를 측정하는 2가지 지표가 있습니다. 바로 추적오차와 괴리율이죠. 우리는 ETF 운용사에 '기초지수의 수익률과 같게 해줘'라며 돈을 맡깁니다. 코스피200을 추종하는 코스닥200은 이론대로라면 지수에서 제시하는 200종목을 그대로 매수해야 합니다. 이를 '완전 복제법'이라 해요. 하지만 실제로 완전 복제법을 쓰는 ETF는 거의 없습니다. 현실적으로 ETF의 규모가 문제가 되기도 하고, 규모가 큰 상위 몇몇 종목을 매수하는 방법으로도 지수 움직임을 비슷하게 복제할 수 있기 때문이죠. 이렇게 부분 복제법을 쓰는 경우, 실제 지수 움직임과 차이가 있을 수밖에 없습니다.

추적오차와 괴리율은 이 차이를 측정하는 수치이고, 값이 작을수록 ETF 가격 움직임이 내가 원하는 기초지수를 잘 따라갑니다. 일반적으로 추적오차와 괴리율은 문제가 되지 않지만, 코로나19 이후 원유 가격이 급락했던 구간처럼 극단적인 상황에서는 수익률에 큰 영향을 미칠 수 있습니다. 내용이 조금 복잡하니 이에 대해 더 알고 싶다면 영상을 참고하기 바랍니다.

▶ 추적오차와 괴리율에 대한 설명

▶ 원유 가격 급락 구간에서 괴리율이 ETF 투자수익률에 미치는 영향

마지막으로 ETF의 기초지수와 거래시장을 구분해 봐야 한다는 걸 이야기하고 싶어요. 기초지수는 내가 맡긴 돈을 어디에 투자하는지 투자 대상에 대한 것이고, 거래시장은 내가 ETF를 사고팔 때 어디서 매매하는지를 나타내는 거예요. 우리가 지금까지 이야기한 ETF는 한국 시장에서 거래되는 ETF입니다. 이들을 매수할 때는 국내 주식을 거래하듯 주식시장이 열리는 오전 9시부터 오후 3시 30분까지 주문을 넣으면 됩니다.

미국 시장에 상장된 ETF를 사고 싶다면 달러로 바꿔 미국 주식시장이 열리는 오후 11시 30분부터 다음 날 오전 6시까지(서머타임 적용 시 오후 10시 30분부터 다음 날 오전 5시까지) 매매를 해야 합니다. 미국 상장 ETF는 앞서 이야기했듯 해외 주식을 매매하는 것과 같습니다. 환율, 시차, 세금 등 국내 주식과 다른 점이 똑같이 적용됩니다.

국내 상장 ETF와 해외 상장 ETF는 데이터를 확인할 수 있는 곳이 다릅니다. 네이버 금융에서는 국내 상장 ETF만 다루고 있습니다. 미국 상장 ETF는 ETF.com이라는 사이트를 참고하기 바랍니다.

• **ETF.com**

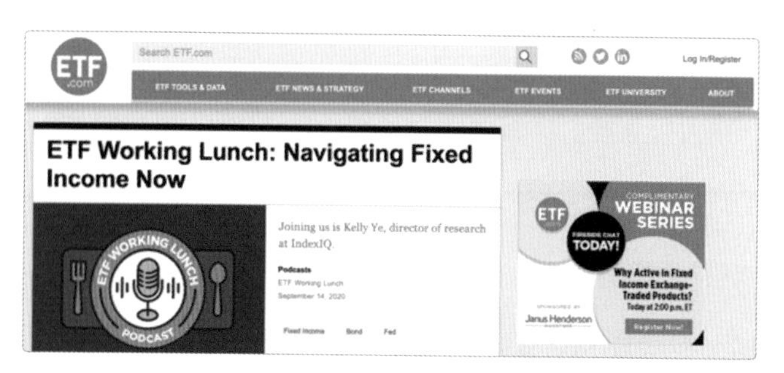

ETF의 거래시장에 따른 차이를 알아보기 위해 기초지수는 같지만 거래시장이 다른 타이거나스닥100(한국 시장)과 QQQ(미국 시장)를 비교해볼까요?

• **기초지수와 상장시장에 따른 ETF 예시**

		상장 시장	
		한국	미국
기초지수	미국	타이거나스닥100	QQQ: invesco nasdaq

거래시장이 다를 때 발생하는 가장 큰 차이는 내가 직접 환전을 하느냐 하지 않느냐예요. 타이거나스닥100 같은 국내 상장 ETF는 여러분이 국내 회사인 미래에셋자산운용, 삼성자산운용 등에 원화를 주고 "이 돈으로 환전하고 알아서 미국 주식 좀 사줘"라고 요청하는 것이고, QQQ는 미국 주식에 투자하는 것처럼 직접 환전한 뒤 미국 운용사인 블랙록(Blacklock) 등에 돈을 굴려 달라고 맡기는 것이죠.

2주차에 '해외 주식 투자를 할 때 알아두어야 할 것들'에서 이야기했듯, 미국 시장에 상장된 QQQ 투자수익률은 ETF의 가격 변화 외에 원/달러 환율 움직임 변화에도 영향을 받습니다.

타이거나스닥100 ETF는 ETF 자체 가격에 환율 움직임이 녹아 있어 여러분이 따로 환율을 신경 쓸 필요가 없지만 단점도 있습니다. 때에 따라 기초지수인 나스닥 수익률을 똑같이 따라가지 못할 때가 있어요.

둘 중 어떤 것이 절대적으로 낫다고 말할 수는 없습

니다. 초보자들은 환전이나 미국 투자에 어려움을 느낄 수 있기 때문에 국내에 상장된 해외 ETF 투자로 시작을 하는 것이 좋습니다. 다만, 투자 경험이 쌓이면 스스로 환전한 뒤 미국 시장에 상장된 ETF에 직접 투자해보세요. 환율이 낮을 때 미리 환전을 해둘 수 있고, 마찬가지로 매도한 뒤 받은 달러를 적절한 타이밍에 원화로 환전할 경우 수익을 극대화할 수 있기 때문이죠. 이렇게 얻은 환차익에는 세금이 부과되지 않는다는 장점이 있습니다.

타이거나스닥100과 같이 한국 시장에서 거래되는 해외 ETF는 연금저축이나 IRP 계좌 자금을 굴릴 때 좋습니다. (연금계좌에서는 미국 주식이나 ETF의 직거래가 불가능) 노후 대비를 위해 20~30년 이상 투자한다고 할 때, 어느 투자처보다도 초강대국인 미국 주식의 매력도가 높은데요. 국내 시장에 상장된 미국 ETF를 통해 손쉽게 노후 대비 투자 포트폴리오를 구성할 수 있기 때문이죠.

심화 워런 버핏이 추천한 투자처

한 주주가 투자의 귀재 워런 버핏(Warren Buffett)에게 세상을 떠날 때 아내에게 어떤 투자 조언을 남길 것인지 물었습니다. 버핏은 이렇게 답했습니다.

"전체 자산의 90%는 S&P500 인덱스 펀드에 투자하고, 10%는 미국 단기 국채에 투자하라고 하겠습니다."

지금까지 펀드와 ETF에 대해 이야기해봤는데요. 인덱스 펀드는 ETF처럼 정해진 지수를 그대로 추종하는 전략을 취하는 펀드입니다.

펀드는 우리의 자금을 굴려주는 펀드매니저에게 돈을 맡기는 것이라고 이야기했죠? 최근 펀드에 비해 비용(수수료, 보수)이 저렴하고, 정해진 지수만 따라 사는 ETF가 인기를 끌고 있습니다. 이런 트렌드를 반영해 정해진 지수를 사는 인덱스 펀드도 출시되었습니다.

인덱스 펀드는 패시브 전략을 취하는 펀드의 한 종류예요. 패시브는 '수동적인'이라는 단어의 뜻처럼 정해진 지수, 원칙대로 매매하는 수동적인 전략을 취하는 것을 의미합니다. 반대의 전략도 있겠죠? '능동적인' 액티브 전략은 패시브 전략과 달리 자금을 굴리는 펀드매니저의 생각에 따라 적극적으로 운용하는 것을 의미합니다.

패시브와 액티브는 여러분이 투자한 자금을 어떻게 굴릴 것인지(운용 전략)를 구분하는 용어라고 생각하면 됩니다. 액티브 ETF도 상장을 준비하고 있는데요. 이는 지수가 아니라 운용사에서 능동적으로 종목을 선정하고 매매 타이밍을 잡아 시장수익률보다 높은 성과를 지향하죠.

정리하면, ETF와 펀드는 수단이고 우리가 맡기는 돈을 어떻게 굴리는지 즉, 운용 전략에 따라 상품들을 아래와 같이 구분할 수 있습니다. 구체적인 상품의 예시도 같이 적어두었으니 참고하세요.

● 운용 전략과 수단에 따른 투자처

		수단	
		ETF	펀드
운용전략	액티브	액티브 ETF 예)ARK Innovation ETF(ARKK) *국내 시장은 액티브 ETF 상장 준비 중	(보통의) 펀드 예) AB미국그로스증권투자신탁
	패시브	(보통의) ETF 예) TIGER 미국S&P500선물(H) SPDR S&P 500 Trust ETF	패시브 펀드 - 보통 이름에 '인덱스'가 들어감 예) 삼성미국인덱스증권자투자신탁

자, 다시 버핏의 이야기로 돌아갈까요? 패시브 전략을 취하는 상품(인덱스 펀드, ETF)들은 시장에 상장된 우량주들에 분산투자하기 때문에 시장 평균수익률을 손쉽게 얻을 수 있습니다. 전체 자산의 90%로 시장수익률을 쫓아가고, 나머지 10%로 안전자산에 가까운 미국 단기 국채에 투자하는 것입니다.

과거부터 이대로 투자했다면 수익률이 어땠을까요? 버핏의 말이라 해도 실제 수익률이 어땠는지 검증해보는 과정이 필요합니다. 전략의 성과를 확인하는 것을 '백테스트(back test)'라고 합니다. 다음은 포트폴리오 비주얼라이저(www.portfoliovisualizer.com)를 통해 미국 S&P500 인덱스를 추종하는 ETF인 SPY에 90%를, 미국 단기 국채(만기 1~3년)에 투자하는 ETF인 SHY에 10%를 투자했을 때의 수익률입니다.

● 워런 버핏의 전략을 백테스트한 결과

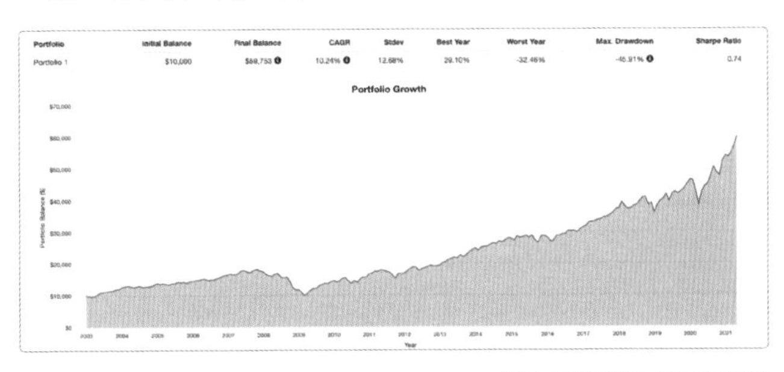

출처: 포트폴리오 비주얼라이저

2003년 이후 연평균 수익률은 9.58%를 기록했고, 초기에 투자한 1만 달러는 2021년 4월 59,753달러로 불어났습니다. 성과가 가장 좋았던 해에는 30%에 가까운 수익률을, 성과가 가장 저조했던 해에는 -32%를 기록한 것을 확인할 수 있습니다.

최대 손실폭(MDD, Max Drawdown)도 함께 확인하는 것이 좋은데요. 이는 이 전략대로 투자했을 때 잔고에 찍히는 최악의 수익률을 말합니다. 이 전략은 반 토막에 가까운 -45.91%라는 최대 손실폭을 기록했습니다. 웬만한 투자자들은 감당하기 힘든 손실이죠. 워런 버핏의 9:1 전략도 좋지만, 우리에게는 최대 손실폭이 적은 마음 편한 전략이 필요합니다. 수익률을 조금 양보하더라도 최대 낙폭이나 주가 변동성을 낮춘다면 마음 편한 투자가 가능합니다. 구체적인 방법은 이후에 더 이야기해봐요!

요점 정리

주식, 채권의 종류가 너무 많아 구체적으로 뭘 사야 할지 모르겠다면 ETF나 펀드를 활용해 투자할 수 있어요. 괜찮은 주식이나 채권을 알아서 대신 사달라고 운용사에 요청하는 거죠. 투자 대상(예를 들어 미국, IT)을 정하고 관련된 ETF와 펀드를 찾아 매수하면 됩니다.

☻ 펀드, ETF 투자가 적합해요!

주식과 채권의 개념은 이해했지만 구체적으로 뭘 사야 할지 선택이 어려운 사람

☹ 펀드, ETF 투자가 별로예요!

마음에 드는 종목만 골라서 사고 싶은 사람

이색 투자처,
원자재

원자재 투자는 뭘까?

ETF 리스트를 확인할 수 있는 네이버 금융이나 ETF.com에서 어디에 투자할 것인지 살펴보다 보면 주식, 채권 외에도 원자재(commodity)가 눈에 들어옵니다. 원자재는 원유와 금은 물론, 구리와 같은 산업 금속, 곡물 등을 포괄합니다. 뉴스나 신문에서 'OPEC 감산 회의'나 '안전자산 선호로 인한 금 가격 상승'과 같은 내용을 접해본 적 있으시죠? 원자재는 종류도 많고, 가격에 영향을 주는 변수들이 다르기 때문에 여기서는 시장 규모가 큰 대표적인 원자재인 원유와 금에 대해 이야기해보도록 하겠습니다.

원자재는 가격 변동성이 크고, 수요와 공급에 영향을 미치는 요소가 많습니다. 이를테면 금 수요에만 영향을 미치는 요인이 수십 가지나 됩니다. 달러, 금리부터 안전자산 선호도까지 여러 가지를 챙겨야 하죠. 금은 대표적인 안전자산인데, 주식과 같은 위험자산과 반대로 움직입니다. 경제 시스템이 망가져 금융시장이 흔들리면 안전자산으로 수요가 몰려 가격이 상승합니다. 코로나19로 시장이 흔들린 2020년 상반기에는 금 가격이 2,000달러대까지 급등하기도 했어요.

● **금 가격 변동 추이**

출처: investing.com

금은 금리에 영향을 받습니다. 금은 예적금이나 채권과 비교했을 때 주기적으로 받을 수 있는 이자가 없는 무이자 자산이라는 특징이 있습니다. 기준금리가 높아져 이자율이 상승하면 이자를 많이 받을 수 있는 채권과 같은 투자처가 금보다 매력적으로 느껴지겠죠.

심지어 금은 인도의 디왈리 축제에도 영향을 받습니다. 인도에는 우리나라의 명절과 같은 축제 기간에 금이나 은을 구매하는 풍습이 있어요. 귀금속 판매의 20%는 이 기간에 이루어지기 때문에 금 가격에 영향을 미치죠.

여기까지 금 가격에 영향을 주는 요소들만 따져봐도 주식 투자 못지않게 난이도가 높은 게 느껴지죠? 초보 투자자들은 원자재 투자에 신중하게 접근하는 것이 좋습니다. 원자재는 거시경기의 영향을 받아 여러 경제 데이터를 챙겨보며 투자해야 하는데, 이게 쉽지 않기 때문입니다.

또 한 가지 원자재 투자가 어려운 이유가 있어요. 원자재 투자는 주로 선물이라는 파생상품을 통해 이뤄지기 때문입니다. 이게 왜 위험한지 차근차근 얘기해볼게요.

선물 계약이라는 것

원자재는 주식이나 채권처럼 '○○회사의 주식'이라고 적혀 있는 종이가 아니라 실제 실체가 있는 실물자산입니다. 실물에 투자하는 건 쉽지 않죠. 그래도 비교적 보관이 용이한 금은 괜찮아요. 하지만 원유, 구리 같은 경우는 사실상 실물 투자가 불가능합니다. 실제 원유를 보유했다가 원유 가격이 상승했을 때 팔려면 원유를 저장할 창고, 유조선 등이 필요하겠죠? 그래서 투자자들은 실제로 원유를 보유하지 않고, 사겠다고 혹은 팔겠다고 약속만 하는 '선물' 계약을 합니다.

지금 시장에서 사과 한 박스 가격이 10만 원이라고 가정합시다. 이때 사과값이 계속 오를 것 같다면 100만 원을 투자해 사과 10박스를 사두었다가 한 달 후에 팔면 됩니다. 사과가 예상대로 20만 원까지 상승한다면 100만 원을 투자해 200만 원을 벌게 되는 것이죠.

그런데 이런 방법도 있어요. 한 달 후에 가격이 얼마로 오르든 사과 한 박스를 현재 가격인 10만 원에 사기로 사과 장수와 약속을 해두는 것입니다. 당장 사과를 넘겨받지 않고 계약금으로 10만 원의 10%인 1만 원을 내는 거죠. 이 약속이 바로 파생상품인 '선물'이에요. 약속을 하는 데는 돈이 적게 들기 때문에 내 돈 100만 원으로 사과 100박스에 대한 약속을 할 수 있습니다.

자, 한 달이 지났습니다. 예상대로 사과 한 박스 가격은 20만 원이 되었습니다. 20만 원짜리 사과를 10만 원에 100박스 가져올 수 있기 때문에 박스당 10만 원의 차익을 낼 수 있죠. 100만 원을 투자해 1,000만 원을 벌 수 있는 것입니다. 이처럼 수익을 극대화하는 것을 선물의 '레버리지 효과'라 부릅니다.

그런데 이 레버리지는 양날의 검입니다. 가격이 오를 때는 괜찮지만, 반대로 가격이 하락하면 상황이 달라집니다. 10만 원짜리 사과 가격이 9만 원으로 떨어졌다고 가정해 볼까요? 이 경우, 한 박스당 1만 원의 손해를 보게 됩니다. 100박스를 거래했기 때문에 손실은 순식간에 100만 원이 되죠. 초기 투자금을 다 날리는 거예요. 앞서 실제로 거래를 한 경우 100만 원의 투자금이 90만 원이 되어 10% 손실에 그치는 것과 대비되죠.

선물은 레버리지 효과 때문에 투자 난이도가 높습니다. 주식보다 훨씬 높은 리스크를 가진 투자처라 할 수 있죠. 변동성이 커져도 주식 투자자는 하루아침에 투자금을 모두 날리는 일이 드물어요. 국내 주식시장의 경우 하루에 움직일 수 있는 가격 제한폭이 +30~-30%로 정해져 있거든요. 하지만 선물 투자는 다릅니다. 앞서 이야기했듯 하루아침에 투자금을 모두 날릴 수도 있습니다. 이렇게 난이도가 높기 때문에 선물 투자를 원하는 투자자는 의무적으로 파생상품 투자 교육을 받아야 합니다.

혹시나 금에 투자하고 싶다면

개인 투자자가 직접 선물을 통해 원자재 투자를 하는 건 쉽지 않습니다. 따라서 우리가 자주 접하게 될 '금' 투자법에 대해서만 다뤄볼게요. 금은 선물 거래뿐 아니라 골드바 같은 실물(현물) 금을 거래하는 사람이 굉장히 많습니다. 이 밖에도 한국금거래소를 활용하는 방법, 은행에서 판매하는 골드뱅킹 통장을 이용하는 방법 등 다양한 투자 방법이 있습니다. 이 중 비용이 가장 저렴한 방법은 증권사를 통해 KRX 금시장 거래를 하는 것입니다.

비용을 자세히 살펴보면, 골드바 같은 실물 금에는 10%의 부가가치세가 붙습니다. 실물 없이 은행의 골드뱅킹이나 금에 투자하는 펀드, ETF, ETN, 그리고 KRX 금시장을 통해 거래하는 방법 등은 저마다 세금, 수수료 등의 비용이 다른데, KRX 금시장에서 거래할 경우 매매차익에 대해 세금이 면제됩니다.

반면, 똑같이 금에 투자하는 은행의 골드뱅킹이나 금 펀드는 매매차익에 대해 15.4%의 배당소득세를 내야 합니다. KRX 금시장 거래는 수수료도 훨씬 저렴한 편인데, 주식을 거래하듯 증권사를 통해 금시장의 금을 매수하는 것이기 때문에 0.3% 정도의 증권사 수수료가 발생합니다.

골드뱅킹, 펀드는 보통 1% 내외의 수수료를 매기고, ETF, ETN은 0.6~0.7%의 수수료를 매기니 가장 저렴한 것을 확인할 수 있죠.

KRX 금시장에서 거래하는 방법은 주식 매매를 하는 방법과 거의 비슷합니다. 증권사 애플리케이션의 '기타시장' 부분에서 '금현물 현재가'를 확인하세요. 1) 증권사 계좌를 개설하고, 2) KRX 금 현물 시장 매매를 신청하고, 3) 장이 열리는 시간에 원하는 가격을 지정해 주문하는 지정가 주문 프로세스를 밟으면 됩니다.

• **KRX 금시장에서 거래하는 방법**

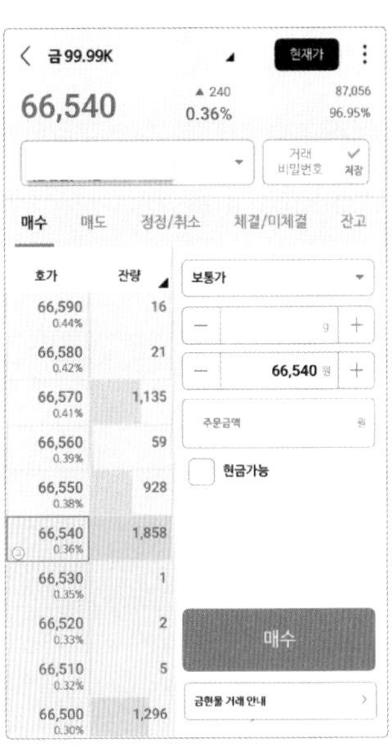

출처: NH투자증권

지금까지 원자재 투자를 할 때 알아둬야 할 내용을 정리해봤습니다. 앞서 이야기했듯 원자재 투자는 가격에 영향을 주는 요소가 너무 많고 선물 구조를 활용하기 때문에 레버리지 효과 등 알고 있어야 하는 내용이 많습니다.

초보 투자자라면 원자재 가격 상승에 베팅해 큰 금액을 투자하기보다는 포트폴리오를 다변화하기 위한 방법으로 활용하는 게 좋습니다. 원자재는 주식시장, 채권시장과 별개로 가격이 움직이기 때문에 다른 자산과의 상관관계가 낮습니다. 이를 활용하면 비슷한 기대수익률을 유지하면서 포트폴리오의 위험은 낮출 수 있습니다.

하지만 지금까지의 설명이 어렵게 느껴진다면 무리해서 원자재 투자를 할 필요는 없습니다! 투자 경험을 쌓은 뒤 '이제 원자재 투자를 해볼까?'라는 생각이 들 때 다시 한 번 이 페이지를 펼쳐 읽어주세요. 그걸로 충분합니다.

요점 정리

금, 은, 원유, 구리, 곡물 등 원자재에 투자해 포트폴리오의 투자처를 다변화할 수 있어요. 다만 생소한 개념이 많고 변동성도 크기 때문에 (공부 없이) 가격 상승에 대한 기대로 너무 큰 금액을 투자하는 건 추천하지 않아요.

☻ 원자재 투자에 적합해요!

관련업(에너지, 화학, 철강 등)에 종사해 정보가 많은 사람

포트폴리오를 다변화할 목적으로 투자하는 사람

☹ 원자재 투자가 별로예요!

지금까지의 설명을 이해하지 못한 사람

ELS, 내기를 시작해볼까?

ELS는 뭘까?

지금부터 이야기할 ELS는 앞서 언급한 펀드, ETF와는 또 다른 금융상품입니다. ELS는 은행과 증권사에서 추천 상품으로 굉장히 많이 팔리는데요. 구조도 까다롭고 숨은 리스크도 존재하기 때문에 잘 알고 가입해야 합니다. 지금부터 ELS의 구조를 이해하고, 괜찮은 ELS를 고르기 위한 여러 가지 조건을 알아보겠습니다.

ELS는 Equity Linked Securities의 약자로, '주가 연계 증권'이라 불립니다. 뭔지 잘 모르겠지만 어려운 느낌이 들죠? 쉽게 말하면, ELS는 야구와 같은 스포츠 경기에 베팅하는 내기 게임과 비슷하다고 보면 됩니다. 야구 경기 결과에 따라 내 베팅 금액이 왔다 갔다 하듯, 주식(주가)과 연계되어 투자자의 수익과 손실이 변하는 상품이에요. '삼성과 기아와의 대결에서 삼성이 승리하면 네가 건 금액의 2배를 돌려줄게'와 같은 구조입니다. 삼성과 기아의 야구 경기가 내기 대상이고, 두 팀의 전적에 따라 승리 확률을 반영해 '2배'라는 보상 비율이 달라집니다. ELS의 구조도 이와 같습니다. 기초자산 가격의 상승 혹은 하락에 대해 내기를 하는 거예요. 아래 예시를 보며 이야기해볼까요?

"앞으로 1년 후 코스피가 지금보다 오를까, 내려갈까?
기간 / 대상 / 조건

맞히면 5% 줄게요.
보상 이자율

코스피의 방향성을 맞히는 내기입니다. 구성 요소를 자세히 살펴볼게요. 1) 내기 기간은 1년이고, 2) 내기 대상은 코스피이며, 3) 코스피가 오를지, 내려갈지 내기 조건을 설정했습니다. 그리고 마지막으로 4) 내기 조건이 달성됐을 때 내가 받을 수 있는 보상, 즉 이자율이 정해졌죠. 내기의 난이도가 높을수록 기대할 수 있는 보상도 높아집니다. 실제 판매되고 있는 ELS는 이렇게 단순한 내기를 여러 개 묶어 놓은 것입니다. ELS를 고를 때는 이 4가지 요소 위주로 체크하면 됩니다.

• ELS 상품 설명

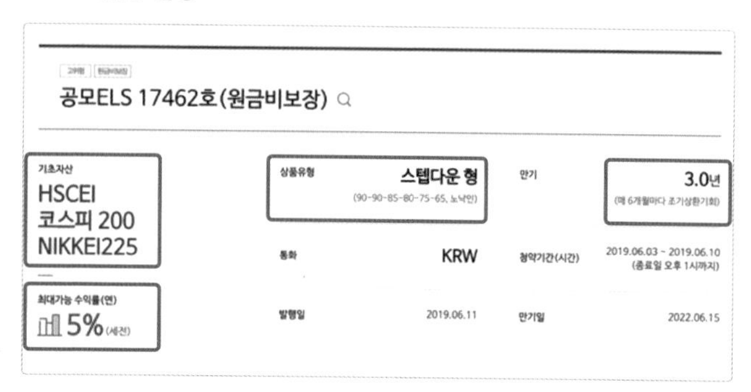

출처: 신한금융투자

이는 신한금융투자에서 판매하고 있는 ELS의 상품 설명 화면을 캡처한 것입니다. 순서대로 요소들을 파악해볼까요? 내기 대상은 기초자산 HSCEI, 코스피200, NIKKEI225입니다. 각각 홍콩, 한국, 일본의 주식시장을 대표하는 지수들이죠. 이 상품에 가입하면 이 3개 지수에 대해 내기를 시작하는 것입니다. 이 내기가 얼마나 지속되는지는 상품의 만기를 보면 됩니다. 만기는 3년이며, 6개월마다 조기상환 기회가 있다고 나와 있죠? 6개월마다 기초지수 움직임을 보고 내기 조건을 만족했는지 체크합니다. 만약 조건을 만족하면 최대 가능 수익률이라고 나와 있는 연 5%의 이자를 받게 되죠.

자세한 내기 조건은 상품 유형을 보면 됩니다. 스텝다운형(90-90-85-80-75-65, 노낙인)이라고 적혀 있죠? 알 수 없는 6개의 숫자가 적혀 있는데, 이걸 해석할 줄 알아야 ELS의 구조를 완벽히 이해했다고 할 수 있습니다.

100만 원을 내고 상품에 가입했다고 가정해볼게요. 처음 가입한 기준 시점에 기초자산인 3개의 지수가 100, 100, 100으로 세팅됩니다. 이후 가격 등락률에 따라 수치가 변하죠. ELS에 가입하고 6개월이 지나 첫 조기상환 평가일이 되면 지수 움직임을 확인합니다.

6개월 후에 HSCEI는 20% 하락하고, 코스피200은 10% 상승했다면 세 지수는 각각 80, 120, 100이 되죠. 연달아 적혀 있는 6개의 숫자 중 첫 번째 '90'이 기준입니다. 세 지수 모두 90보다 위에 있다면 조건을 만족한 겁니다. 조건을 만족하면 즉시 원금과 투자한 기간에 비례하는 이자를 돌려받게 됩니다. 6개월 만에 조기상환이 됐다면 100만 원의 5%, 5만 원의 절반에 해당하는 25,000원을 받게 되는 것이죠. 이때, ELS에 돈을 더 투자하고 싶어도 이를 유지할 수 없습니다. 새 상품에 다시 가입(청약)해야 해요.

만약 첫 조기상환 평가일에 세 지수 중 하나라도 90 아래에 있으면 '다음 기회'로 넘어갑니다. 6개월마다 평가하기 때문에 1년이 지난 시점에 다시 3개의 지수를 열어보는 거죠. 두 번째 조건은 90입니다. 이런 식으로 내기 조건을 만족하면 조기상환, 그렇지 않으면 다음 기회로 넘어가는 과정이 반복되어 최대 3년(6번)까지 이어집니다.

이렇게 마지막까지 조기상환이 되지 않고 3년째가 되면 마지막 숫자인 65를 기준으로 세 지수를 평가합니다. 이 시점에 세 지수 모두 65 위에 있으면 원금과 3년 치 이자(5만 원×3년)인 15만 원을 받고 ELS는 끝이 납니다. 세 지수 중 하나라도 65 아래에 있으면 마지막까지 조건을 만족하지 못한 것이고요. 이때 원금 손실이 발생합니다. 세 지수 중 가장 작은 값을 기준으로 돌려받을 원금이 결정되는데, 세 지수가 50, 100, 100이라면 가장 작은 50을 적용해 원금의 50%를 돌려받고, 40, 100, 100이라면 원금의 40%를 돌려받는 것이죠.

ELS는 적당한 4~8%의 이자를 받거나, 비교적 확률은 낮지만 원금 손실이 결정되면 원금의 반 토막 이상이 사라질 수 있는 상품입니다. 그래서 투자할 때 반드시 주의하고, 비교적 안전한 구조의 상품을 골라야 합니다.

1. 기초지수:
코스피200(한국)+HSCEI(홍콩)+NIKKEI225(일본)
2. 최대 가능 수익률: 5.00%(연)
3. 상품 유형: 90-90-85-80-75-65, 노낙인

적당한 4~8%
또는
반 토막 이상의 손실

대략 어떤 조건들을 봐야 하는지 이야기해볼게요. 우선 ELS 내기 대상이 되는 기초자산이 국가지수인 것을 고르는 게 좋습니다. WTI Crude Oil(원자재-원유), 삼성전자 주가 등 개별 주식의 가격을 기초자산으로 하는 경우는 피하는 것이 좋아요. 국가지수가 개별 주식이나 환율, 원자재 가격보다 변동성도 낮은 편이고, 하락한 이후 복원력도 좋기 때문이죠.

2020년 코로나19로 주식시장이 급락했다 반등하는 상황에서 개별 주식에 따라서는 수익률이 엇갈렸지만, 국가지수는 대부분 빠르게 회복하는 모습을 보였습니다. 기초자산이 하락하더라도 만기 전에 다시 원래 자리로 돌아온다면 손실이 확정되지 않습니다. 국가지수 중에서도 국가 경제 체력이 좋은 선진국 위주로 구성된 ELS를 선택하는 것이 좋겠죠?

또한 ELS는 마지막 조건을 만족하지 못하면 원금 손실이 확정됩니다. 따라서 상품 유형에 나열되어 있는 상환

조건 숫자 중 마지막 조건을 잘 체크해야 합니다. 기초자산이 국가지수일 때 마지막 조건이 60 이하인 ELS를 비교적 안전하다고 평가합니다.

당연한 말이지만 구조가 안전할수록 ELS가 제공하는 이자율도 낮아집니다. 처음 ELS에 투자할 때는 이자율이 낮더라도 기초자산, 마지막 조건이 안전한 상품을 고르는 것이 좋습니다. 이후 상환도 받고 경험이 쌓이면 복잡한 구조의 ELS도 도전해보기 바랍니다.

심화 투자자에게 유리한 조건을 붙여준 리자드 ELS

ELS에 '리자드(lizard)'란 말이 붙어 있는 경우가 있습니다. 리자드는 도마뱀이란 뜻인데, 도마뱀이 싸우다 상처를 입으면 꼬리를 자르고 도망간다는 특징에 착안해 만든 상품입니다. 이 상품은 투자자에게 유리한 조건을 추가로 붙여준 ELS입니다. 95-90… 이렇게 같은 상품 구조를 가진다면 돈을 돌려받을 수 있는 상환 기회가 더 많은 슈퍼 리자드 ELS가 앞서 언급한 기본 구조의 ELS보다 좋습니다. 예를 들어 설명해보겠습니다.

- **상품 예시**

선택	구분	상품명	기초자산	발행일	만기일
	ELS	고위험 원금비보장 공모ELS USD19594호	EURO STOXX 50, HSCEI, 코스피 200	2020.09.11	2023.09.11

출처: 신한금융투자

- **슈퍼 리자드 ELS 상품 개요**

상품개요	
유형	조기상환형 스텝다운(NO KI)
기초자산	KOSPI200/EUROSTOXX50/HSCEI
만기/상환 주기	3년/6개월
상환 조건	90-85-85-80-75-65 (NO KI) [1차] - ②: 85%, [2차] - ② : 75%
손익구조(세전)	특정 조건 충족 시 : 19.20%(연6.40%) 조건 미충족 시(최대 손실률): -100.00%

위의 슈퍼 리자드 ELS를 살펴볼게요. 기본 ELS에 리자드 상환 조건(상품 개요의 상환 조건에 빨간색으로 표시된 1차, 2차 부분)이 2번 더 생기는 겁니다. 일종의 보너스로, 기본 조건을 만족하지 못해도 리자드 조건을 만족하면 돈을 돌려받을 수 있습니다.

이해를 위해 위의 상품을 살펴보며 자세히 이야기해볼게요. 가입하고 6개월이 지나 첫 번째 조기상환 평가일이 되었습니다. 3개의 기초자산이 모두 90을 넘어야 하는데, 이때 세 지수가 각각 88, 95, 95라면 첫 번째 자산 때문에 조건을 만족하지 못해 조기상환에 실패합니다. 그런데 가입한 상품은 보너스인 리자드 조건이 있죠. 이 경우 1차 리자드 조건 85를 만족하는지 한 번 더 체크하게 됩니다. 1차 상환 시점에 기초자산이 90 아래인 것이 있어도 3개의 기초자산이 가입일부터 해당 평가일까지 한 번이라도 85 아래로 내려가지 않았다면 조기상환을 받을 수 있습니다.

2차 조기상환 평가일에도 리자드 조건이 붙어 있는데요. 2차 조건은 75입니다. 가입일부터 2차 상환 시점까지 3개의 기초자산이 75 아래로 한 번도 내려가지 않았다면 조기상환을 받을 수 있습니다. 리자드 조건은 평가일 시점의 데이터만 보는 게 아니라 가입 시점부터의 데이터를 모두 본다는 점을 기억하세요.

ELS 투자에 있어 가장 큰 리스크는 조기상환되지 않고 만기까지 넘어가 결국 원금 손실이 발생하는 것인데요. 슈퍼 리자드가 붙은 ELS는 조기상환 평가 기회를 보너스로 더 주기 때문에 일반적으로 더 좋은 구조의 상품이라고 평가받고 있습니다. 물론 슈퍼 리자드라고 해서 무조건 좋은 것은 아닙니다. 따라서 기초자산, 상품 유형의 숫자들을 꼼꼼하게 확인해 괜찮은 ELS를 골라야 합니다.

요점 정리

ELS는 '1년 후에 코스피200이 지금보다 더 오르면 너에게 4% 이자를 줄게'와 같은 내기를 금융상품으로 구조화시켜 놓은 것이에요. 4~8%의 이자를 받을 수 있다고 영업하지만 절반 이상의 손실이 날 수도 있으므로 괜찮은 ELS를 고르는 방법을 꼭 익혀두기 바라요.

☻ **ELS 투자에 적합해요!**

글로벌 경제 상황 및 주식시장에 대한 이해가 있는 사람

☹ **ELS 투자가 별로예요!**

지금까지의 상품 설명이 1도 이해가 안 되는 사람

비슷한 기대수익률을 가진 배당주, 월세를 위한 오피스텔 투자 등 다른 선택지가 더 마음에 드는 사람

3주차 행동 노트

지금 우리에게 필요한 건 행동! 지금 바로 시작하세요.

- **펀드, ETF, 주식 중 나와 잘 맞을 것 같은 투자처는 무엇이고, 그 이유는 무엇인가요?**

- **투자하고 싶은 펀드가 있나요? 어디에 투자하는 펀드이며, 최근 수익률은 어땠나요? 보수는 얼마인가요?**

  - 왜 그 펀드에 가입하기로 결정했나요?
  - 비슷한 대상에 투자하는 펀드 중 내가 보유한 펀드보다 수익률은 좋고, 보수는 저렴한 펀드가 있나요?
  - 펀드에 가입해본 적 없다면 네이버 금융, 한국포스증권 등에 접속해 괜찮아 보이는 펀드를 골라봅시다. 그 펀드를 고른 이유는 무엇인가요?

- **ETF 투자를 결심했다면 미국 상장 ETF와 한국 상장 ETF 중 무엇을 선택할 건가요? 그 이유는 무엇인가요?**

  - 선택한 ETF의 상세 정보를 확인해봅시다.
  - 주식시장이 열리는 시간에 ETF를 주문해봅시다.

- **경제 위기 상황에서 오히려 가격이 오르는 안전자산인 금에 투자하기로 했다면 혹은 투자하지 않기로 했다면 그 이유는 무엇인가요?**
  - 어떤 방식으로 금 투자를 할 것인지 고민해봅시다.

- **ELS는 구조가 정말 복잡했죠? 재테크를 잘 모르는 친구에게 설명한다고 생각하며 ELS의 구조를 말해보세요.**
  - ELS는 본인에게 적합한 투자처인가요? 그 이유는 무엇인가요?
  - ELS 가입을 결정했다면 은행 혹은 증권사를 방문에 상담을 받아봅시다.

4주차

투자의 세계에서 오래오래 살아남는 법

지금 이 책을 읽고 계신 분들은 대부분 투자 경험이 많지 않아 자신의 위험 성향과 투자 스타일을 잘 모르고 있을 가능성이 큽니다. 재테크 입문자, 투자 초보자는 본업에 영향을 미치지 않는 투자, 마음 편한 투자를 해야 합니다. 4주차에는 여러분이 실전에 뛰어들었을 때 마음 편하게 투자할 수 있는 구체적인 방법을 알아보겠습니다.

몰빵은 위험,
분산투자의 미덕

진정한 분산투자란?

'계란을 한 바구니에 담지 말라'라는 유명한 투자 격언을 들어본 적 있으실 겁니다. 지금 이야기할 종목/자산배분의 개념을 한마디로 압축해놓은 말입니다. 분산투자가 중요하다는 말을 들은 투자자 A가 여유자금의 50%로 현대차 주식을, 나머지 50%로 현대모비스 주식을 매수했다고 가정합시다. A는 제대로 분산투자를 했다고 말할 수 있을까요?

아닙니다. 단순히 여러 종목을 사는 것으로는 부족합니다. 현대차와 현대모비스는 '자동차' 업종에 속하는 주식이기 때문에 가격이 비슷한 방향으로 움직일 확률이 큽니다.

'계란을 한 바구니에 담지 말라'라는 말의 진정한 의미는 예적금부터 주식까지 서로 다른 방향으로 움직이는 수많은 투자처, '자산'에 돈을 나눠 담아야 한다는 뜻입니다. 이 '자산배분'은 우리가 셰프가 되어 여러 재료(자산)로 나만의 한 상을 차리는 거예요. 앞서 이야기한 주식, 채권, 원자재 등이 각각의 재료가 되죠. 전체 포트폴리오에서 주식은 40%, 채권은 30%, 예적금은 30%… 이런 식으로요.

조금 복잡하고 어려워 처음엔 많은 시행착오를 겪을 것입니다. 그래도 포기하지 마세요. 요리를 배우는 것처럼 대가의 레시피를 찾아보고, 이를 따라 하면 됩니다. 투자의 대가들이 '이렇게 투자하는 게 어때?' 하고 제시한 비중이 있습니다. 대표적으로 주식 채권 단순 포트폴리오, 영구 포트폴리오, 올웨더(사계절) 포트폴리오 등이죠.

경제 호황기에는 주식이 최고

대가들의 자산배분 레시피를 살펴보기에 앞서, 우리가 활용할 자산들이 어떤 특성을 가지고 있는지 이해할 필요가 있습니다. 앞서 주식, 채권, 원자재 등의 개념과 투자 방법에 대해 이야기했죠. 이번에는 실제 투자 관점에서 이 자산들이 경기 상황에 따라 어떤 움직임(수익률)을 보이는지 살펴볼게요.

경기 사이클은 경제성장률과 인플레이션(물가상승률)을 기준으로 구분하는데, 경기 사이클에 따라 투자하기 좋은 투자처가 달라집니다. 아래 표를 볼까요? 경제성장률이 예상보다 높은지 낮은지, 인플레이션이 기대보다 높은지 낮은지를 기준으로 경기 사이클을 나누고, 각 국면마다 수익률이 좋은 경향을 보이는 투자처를 정리했습니다.

● **경제성장률과 인플레이션에 따른 경기 사이클 구분**

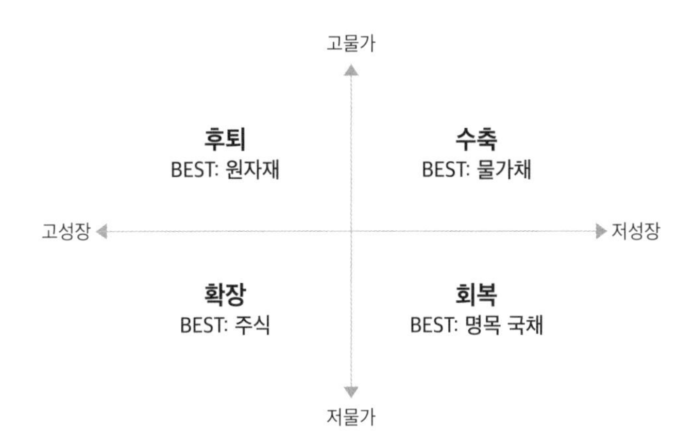

인플레이션은 돈의 가치가 하락해 물가가 전반적으로 오르는 것을 말합니다. 물가상승률의 개념으로 이해하면 됩니다. 예전에 베네수엘라의 물가상승률이 1,000%가 넘어 큰 화제가 된 적이 있습니다. 식료품을 사기 위해 수레에 돈을 산더미처럼 싣고 가는 사람들의 모습이 뉴스에 나오기도 했죠. 화폐 가치가 하락해 돈이 종잇조각과 다름없어진 겁니다. 많은 국가가 경제성장률은 높게, 물가상승률은 2% 내외에서 적당히 유지하는 것을 목표로 삼고 있습니다.

그럼 지금부터 경기 사이클별 최고, 최악의 자산을 살펴볼게요. 2주차에 주식에 투자한다는 것은 동업할 회사를 찾는 것이라고 이야기했습니다. A회사의 주식을 사면 동업자가 된 것이기 때문에 회사가 돈을 잘 벌고 성장하면 내가 투자해 받은 주식의 가치(가격)가 올라가고, 반대로 회사가 힘들어지면 내 주식의 가치도 하락합니다.

반면 채권은 동업을 하는 게 아니라, 우리가 은행이 되어 회사에 사업자금을 빌려주는 개념입니다. 그리고 정해진 이자와 원금을 받죠. 마지막으로 원자재는 종류가 매우 다양하지만 원유(에너지원), 구리(산업용 금속) 등을 기준으로 생각하면 모두 생산 재료가 되는 것들입니다. 경기가 호황을 누리면 생산 재료인 원자재에 대한 수요도 높아지겠죠. 공급은 빠르게 느는 수요를 따라가지 못하고 원자재 가격은 상승하게 됩니다.

• **경기 사이클에 따른 투자하기 좋은/나쁜 자산**

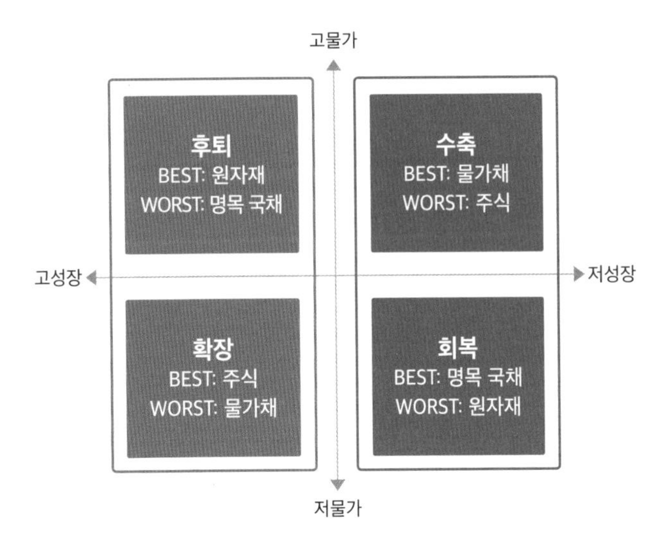

붉은색 박스 고성장 구간

경기가 호황이면 기업들이 돈을 잘 벌고, 성장하고 있다는 의미입니다. 소비와 투자가 활발하게 이루어지죠. 이런 상황에서 여러분이 돈을 가지고 있다면, 현금으로 보유하거나 이자만 받고 돈을 빌려주는 것보다 더 높은 수익을 낼 수 있는 주식 투자를 하는 것이 좋습니다.

기업들이 생산을 마구 늘려 원자재 수요가 높아질 테니 원자재 투자도 좋겠죠. 그런데 일반적으로 원자재 투자는 경기 호황 중후반부에 하는 것이 좋습니다. 원자재는 수요와 공급에 따라 가격이 결정되는데, 그동안 쌓여 있던 물량이 소진되고 난 뒤 가격이 오르기 때문이죠.

파란색 박스 저성장 구간

경제성장률이 낮을 때는 채권이 좋습니다. 원금 보장이 되지 않는 주식이나 원자재를 들고 있는 것보다 정해진 이자를 받는 것이 좋죠. 그런데 이 채권도 물가상승률이 높을 때는 좋지 않습니다. 정해진 이자를 받는데, 이자로 받는 현금의 가치가 점점 떨어지니까요.

그래서 경제성장률이 낮고 인플레이션이 높은 수축 국면에서는 물가상승률에 연동되어 가격이 올라가는 물가연동국채(물가채)나 그 자체만으로 가치를 가져 물가 상승에도 영향을 받지 않는 금이 수익률 좋은 자산으로 꼽힙니다.

지금까지 이야기한 경기 사이클별 최고, 최악의 자산은 '채권왕' 빌 그로스(Bill Gross)가 설립한 세계 최대 채권운용사 핌코(PIMCO)에서 공개한 내용입니다. 항상 이 원칙대로 경기 사이클이 돌아가고 자산수익률이 결정된다면 투자를 통해 돈을 버는 게 어렵지 않을 거예요. 하지만 실제로 경기는 살아 숨 쉬는 것 같아 국면 변화를 판단하는 것이 무척 어렵고, 판단하더라도 자산 가격이 생각대로 움직이지 않는 경우가 많습니다.

그래도 이런 기본적인 내용을 알고 있다면 시장 상황에 좀 더 능동적으로 대응할 수 있습니다. 예를 들어, 최근 10년 가까이 낮은 물가상승률이 유지됐는데, 코로나19 사태를 기점으로 각국 중앙은행이 돈을 풀기 시작했죠. 게다가 대다수 글로벌 국가가 정부 지출을 늘리고 있습니다. 우리나라도 전 국민을 대상으로 재난지원금을 지급했어요. 이렇게 시장에 풀린 돈이 많아지고 점차 물가가 올라가는 것 같다면 고물가 상황에서 유리한 원자재 투자에 대해 공부한 뒤 투자 비중을 늘리면 됩니다.

지금까지 경기 사이클 변화와 그에 따른 자산 움직임을 알아보았으니 이제 대가들의 레시피를 살펴볼까요?

대가들의 자산배분 레시피

먼저, 주식과 채권을 단순하게 담아가는 자산배분 포트폴리오를 살펴볼게요. 앞서 워런 버핏이 세상을 떠날 때 아내에게 어떤 투자 조언을 남길 것인지에 대한 질문에 "전체 자산의 90%는 S&P500 인덱스 펀드에 투자하고, 10%는 미국 단기 국채에 투자하라고 하겠습니다"라고 답했다고 이야기했죠? 이 자산배분 포트폴리오는 전체 자산을 주식과 채권으로 나눠 가져가는 방법입니다.

주식과 채권 비중은 위험 성향에 따라 달라질 수 있습니다. 리스크가 높더라도 주식과 채권을 60:40으로 섞어 투자했다면 수익률은 어땠을까요? 2003년 이후 연평균 수익률은 7.38%, 최대 손실폭은 -29.95%를 기록했습니다. 버핏의 말대로 투자했을 경우의 수익률 9.58%에 비해 성과는 다소 저조했지만, -46%에 비해 최대 손실폭이 크게 낮아진 것을 확인할 수 있습니다. 이런 식으로 채권 비중을 높일수록 수익률은 낮아지지만, 위험 지표인 최대 손실폭이나 변동성은 개선된다는 것을 확인할 수 있어요.

• 주식:채권(60:40) 포트폴리오 백테스트 결과

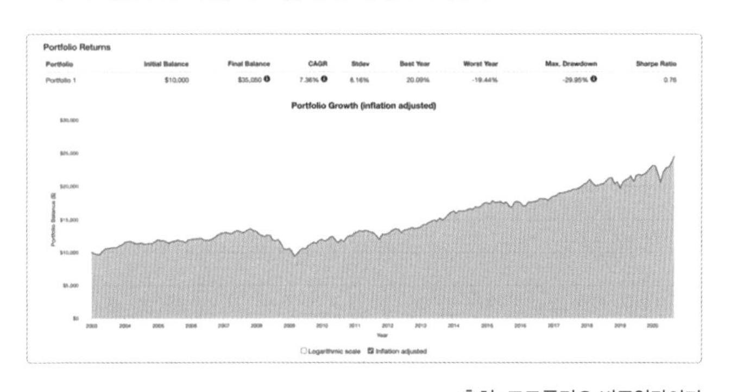
Portfolio Returns

Portfolio	Initial Balance	Final Balance	CAGR	Stdev	Best Year	Worst Year	Max. Drawdown	Sharpe Ratio
Portfolio 1	$10,000	$35,050	7.36%	8.16%	20.09%	-19.44%	-29.95%	0.76

출처: 포트폴리오 비주얼라이저

단순해 보이지만 실제로 많은 자산배분형 펀드/ETF가 이 배분을 기반으로 움직입니다. 미국에서 가장 큰 자산운용사 중 하나인 블랙록은 이 전략을 기반으로 하는 'AO' ETF 시리즈를 운용하고 있죠. 주식과 채권의 세부 항목과 비중을 직접 정하지 않더라도 간편하게 ETF 하나로 투자할 수 있고, 정해진 주기마다 비중을 재조정하는 리밸런싱(rebalancing)도 알아서 해줍니다. 각 ETF는 주식과 채권 비중을 20:80, 40:60, 60:40, 80:20까지 바꿔 전 세계 주식과 채권에 분산투자하고 있습니다. 주식 비중이 높은 순에서 낮은 순으로 정리하면 다음과 같습니다.

Aggressive(공격적)〉growth(성장)〉moderate(중도)〉conservative(보수적)

• 블랙록 자산배분 ETF 리스트

Ticker	Fund Name	Issuer	AUM	Expense Ratio	3-Mo TR	Segment
AOR	iShares Core Growth Allocation ETF	Blackrock	$1.80B	0.25%	4.49%	Asset Allocation: Target Risk
AOM	iShares Core Moderate Allocation ETF	Blackrock	$1.66B	0.25%	3.61%	Asset Allocation: Target Risk
AOA	iShares Core Aggressive Allocation ETF	Blackrock	$1.42B	0.25%	5.40%	Asset Allocation: Target Risk
AOK	iShares Core Conservative Allocation ETF	Blackrock	$916.71M	0.25%	2.89%	Asset Allocation: Target Risk

출처: ETF.com

이번에는 주식 25% + 채권 25% + 현금 25% + 금 25%로 구성된 영구 포트폴리오를 소개해드릴게요. 주식, 채권, 현금(유동성), 금(원자재)이라는 각각의 자산은 경기 사이클별 국면에서 강점을 지니는 투자처입니다 4개의 국면에서 유리한 자산에 심플하게 4분의 1씩 나눠 담아 어느 경기 상황에도 대비하겠다는 전략을 가지고 있죠.

• 영구 포트폴리오

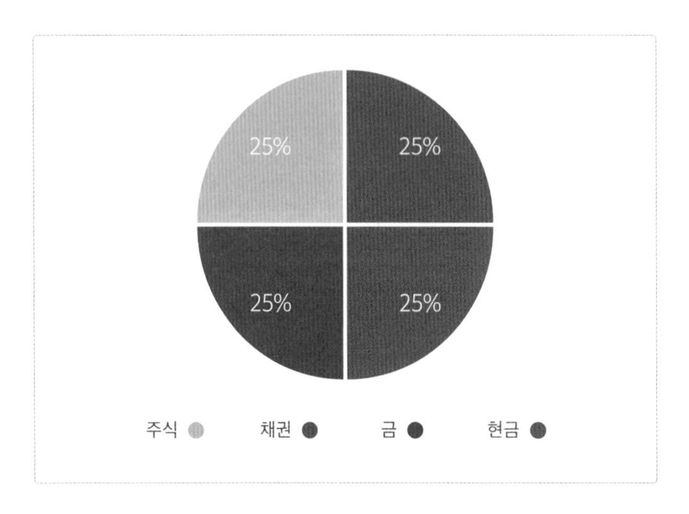

마지막으로 올웨더(all weather) 포트폴리오는 영구 포트폴리오를 조금 개량한 버전이라고 생각하면 됩니다. '올웨더'라는 이름에서 알 수 있듯 변화무쌍한 금융시장의 봄, 여름, 가을, 겨울을 잘 견뎌내도록 구성했다고 해요. 다음 표를 함께 볼까요? 주식 30%, 장기채 40%, 중기채 15%, 금 7.5%, 원자재 7.5%로 구성되어 있습니다. 이는 미국 최대 헤지펀드 브리지워터 어소시에이츠(Bridgewater Associates)의 수장 레이 달리오(Ray Dalio)가 일반 투자자를 위한 가장 쉬운 올웨더 포트폴리오 비중으로 언급해 유명해졌습니다.

• **올웨더 포트폴리오**

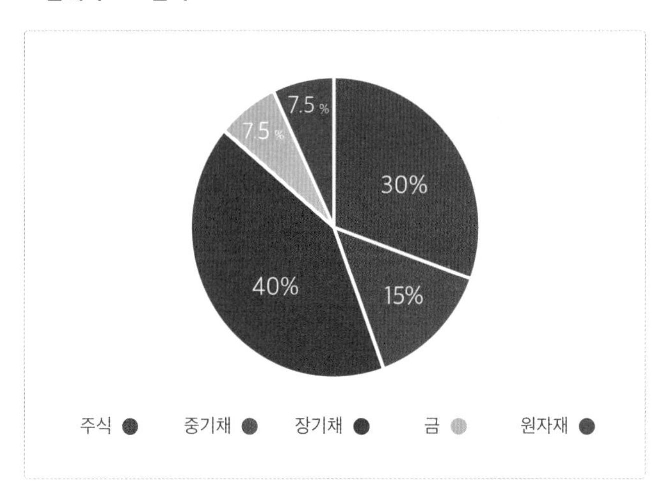

영구 포트폴리오와 올웨더 포트폴리오 모두 경기 사이클별로 희비가 엇갈리는 여러 자산을 나눠 담는다는 전략을 취하고 있습니다. 그런데 올웨더 포트폴리오는 비중을 정할 때 '영구 포트폴리오처럼 비중을 25%씩 담는 건 너무 단순하지 않아?'라고 생각한 거죠.

25%씩 자산배분을 하면 변동성이 큰 주식 때문에 전체 포트폴리오의 리스크가 높아지기에 사람들은 이를 보완할 방법을 연구하기 시작했습니다. 그리고 자산별로 현저하

게 다른 변동성(리스크)을 고려해 비중을 결정하자는 결론을 내렸습니다. 이러한 전략을 리스크 패리티(risk parity)라 부르죠. 간단히 예를 들면, +30%와 -30%를 왔다 갔다 하는 변동성이 큰 주식은 포트폴리오에 채권보다 적게 담아 각 자산이 전체 포트폴리오에 미치는 위험을 동일하게 만들겠다는 것입니다.

실제 금융권에서는 자산별 변동성과 상관관계를 정교하게 계산해 포트폴리오를 구성하기도 합니다. 하지만 일반 투자자들은 이를 구현하기가 쉽지 않죠. 올웨더 포트폴리오는 전체적인 틀은 유지하면서 초보자도 따라 하기 쉽게 정리되어 있으니, 관심 있다면 이를 바탕으로 차근차근 자산배분을 시작해보기 바랍니다.

이렇게 여러 레시피 중 자산배분 비중을 정했다면, 그 다음에는 구체적으로 어떤 종목 혹은 ETF에 투자할지 세부 투자처를 정해야 합니다. 주식은 그나마 친숙하지만 채권이나 원자재는 생소할 거예요. 그래도 너무 걱정하지 마세요. 앞서 언급한 ETF를 통해 소액으로도 쉽게 분산투자를 할 수 있습니다.

국내에 상장된 ETF로 자산배분 포트폴리오를 구성할 때는 네이버 금융을 통해 ETF 리스트를 확인하기 바랍니다. 어디에 투자하는지 기초지수에 따라 국내 시장지수, 업종/테마, 해외 주식, 원자재 등의 카테고리로 나눠집니다. ETF를 고를 때 중요하게 체크해야 하는 거래 대금과 ETF 상세 정보 확인 방법은 영상을 참고해주세요.

▸ ETF 고를 때 체크사항

사실 우리나라에서 자산배분까지 신경 쓰며 투자하는 사람은 극소수일 거예요. 하지만 지금 당장은 종잣돈이 적어 자산배분을 하는 게 별 의미가 없더라도 나중에 돈의 규모가 커지면 자산배분의 중요성이 커질 거예요. 우리는 모두 미래에 슈퍼 부자가 될 사람들이니 배경지식을 쌓는다는 생각으로 내용을 읽어주세요. 자산배분을 하지 않고 주식 투자만 하는 경우, 종목/업종 분산을 통해 리스크를 낮추는 것이 매우 중요합니다. 펀드나 ETF에 투자하면 소액으로도 여러 종목에 투자하는 효과를 누릴 수 있다는 점을 기억해주세요.

심화 개인 성향에 따른 맞춤형 포트폴리오

영구 포트폴리오와 올웨더 포트폴리오를 기본 뼈대로 삼고 자신만의 색깔을 포트폴리오에 담아볼까요? 입맛대로 비중을 조금씩 조절하거나 주식, 채권, 원자재 등 각 자산에 해당하는 상품을 고를 때 특색 있는 상품을 선택할 수 있습니다. 지금부터 주식 채권 단순 포트폴리오를 기준으로 개인의 위험 성향과 상황에 따른 포트폴리오 샘플을 몇 가지 보여드리도록 할게요.

위험을 즐기는 공격적인 성향의 포트폴리오

공격적인 성향의 투자자라면 주식 7, 채권 3 포트폴리오를 기본으로 특색 있는 상품에 투자해보는 것이 좋습니다. 시장 전체에 투자하는 ETF를 고르기보다 특정 업종이나 테마별 개별 주식 종목을 많이 담아가는 방식처럼 말이죠.

전기차, 콘텐츠, 제4차 산업혁명 등 혁신 기업에 투자하는 미국 ETF의 종류는 매우 많습니다. 많은 ETF 운용사 중에서 우수한 성과로 유명세를 떨친 아크 인베스트먼트(ARK investment)는 향후 시장을 주도할 파괴적 혁신이 나타날 분야로 DNA 기술(genomic revolution), 에너지 혁신 및 자동화(자율주행, 3D프린팅, 우주탐험), 차세대 인터넷(클라우드, 전자상거래, 빅데이터), 핀테크 등을 꼽았습니다.

다만 이런 유망 테마에 투자하는 ETF나 개별 주식은 상승, 하락의 변동폭이 큰만큼 공격적인 성향을 가진 분들이 투자하는 게 좋을 것 같습니다.

중도 성향의 포트폴리오

주식에 너무 많은 비중을 투자하긴 부담스럽고, 예적금만 하는 건 아쉽다면 올웨더 포트폴리오를 기준으로 삼으면 됩니다. 원자재, 중기채, 장기채 등 여러 자산이 등장해 부담스럽다면 주식 4, 채권 6의 단순 포트폴리오를 구성해보는 것도 좋고요. 직접 투자하는 것이 귀찮다면 주기적으로 알아서 포트폴리오 비중을 조절해주는 자산배분형 ETF에 투자하는 것도 좋습니다.

주식 4, 채권 6의 중도 성향 포트폴리오는 AOM(iShares Core Moderate Allocation ETF)이라는 이름을 갖고 있습니다. 주식 비중을 조금 더 높인 주식 6, 채권 4의 AOR(iShares Core Growth Allocation ETF), 반대로 채권 비중을 70%까지 높여 극도의 안정성을 추구하는 AOK(iShares Core Conservative Allocation)도 있어요.

나이에 따라 투자 비중이 달라지는 TDF 포트폴리오

갓 취업한 30세의 투자 포트폴리오와 은퇴한 60세의 투자 포트폴리오는 달라야 합니다. TDF 포트폴리오는 주로 노후 대비를 위한 연금 자산을 굴릴 때 많이 선택하는 스타일의 포트폴리오인데요. 가입자의 은퇴 시점을 고려해 투자 내역을 구성합니다.

간단히 설명하면, '2050'형 TDF(Target Date Fund, 생애주기 관점에서 운용)는 가입자의 은퇴 시점이 2050년, 즉 은퇴가 먼 젊은 사람들을 위해 포트폴리오를 구성하며, 주식 비중이 높게 책정되어 있는 경우가 많습니다. 은퇴가 많이 남았고, 월급 등 고정적인 수입이 있기 때문에 좀 더 리스크를 지는 전략을 택하는 거죠. 그리고 시간이 지날수록 은퇴가 가까워지는 것에 맞춰 각 자산 비중을 조정합니다. 2025년에 은퇴하는 사람들을 위한 '2025'형 TDF는 그와 반대로 채권 비중이 높은 안정적인 전략을 택하죠.

TDF 포트폴리오의 경우 시간에 따라 리밸런싱을 알아서 해주기 때문에 편리하다는 장점이 있지만, 주로 TDF 펀드로 출시되어 있어 비교적 보수가 비싸고 시장 규모나 종류가 아직은 적은 편입니다.

언제가 바닥일까 고민될 때는

매매 타이밍은 신의 영역

본격적으로 투자의 세계에 입문한 재테크 초보자가 가장 어렵게 느끼는 것 중 하나가 "언제 사고 언제 팔지?"라는 매매 타이밍에 대한 것입니다. 주식은 일주일 아니 하루 사이에도 가격이 급변하죠. 실제로 온·오프라인 강의를 진행할 때 가장 많이 받은 질문이 바로 사고파는 타이밍에 대한 것이었어요.

잘 사고 잘 팔아 100% 수익 내는 법은 저도 잘 모릅니다. 매매 타이밍은 신의 영역이라고 생각해요. 노벨경제학상을 받은 사람이라 해도 시장이 언제 고꾸라질지, 언제 바닥을 다지고 반등할지 정확하게 맞히지 못할 거예요. 매번 바닥(혹은 무릎)에서 사서 머리(혹은 어깨)에서 파는 매매가 불가능하다는 뜻입니다.

매매 타이밍을 잡기 위해 주가, 거래량 등으로 만든 각종 기술적 지표가 있는데요. 종류가 매우 많지만 가장 기본적이고 많이 활용되는 것은 이동평균선, 볼린저밴드(Bollinger band), RSI 등입니다. 단, 이러한 보조 지표들은 투자를 할 때 참고하는 것이 좋지만, 역시나 100% 맞아떨어지지 않기 때문에 맹신해서는 안 됩니다. 궁금하다면 주요 지표를 가지고 차트를 분석하는 방법을 담은 소개한 영상이 있으니 참고하세요.

▶ 기술적 지표 읽는 방법

초보자에게 분할 매수가 중요한 이유

투자자가 할 수 있는 가장 최선의 선택은 사고파는 매매 타이밍을 분산하는 것입니다. 여러 종목에 나눠 투자하는 '종목 분산'과 달리, 여러 번에 걸쳐 종목/ETF/펀드를 매수 또는 매도하는 것이죠. 분할 매수, 적립식 매수 등의 용어가 여러 번에 걸쳐 나눠 사라는 의미예요.

분할 매수, 적립식 매수는 초보 투자자에게 매우 중요합니다. 타고난 트레이더가 아닌 이상 처음 투자를 시작하면 주가가 5~10%만 움직여도 심장이 두근거립니다. 가지고 있던 돈을 모두 투자한 게 아니라 여유자금이 있어 추가 매수가 가능하다면, 투자할 때 크게 흔들리지 않을 수 있습니다.

여러분이 참고할 수 있도록 제가 세운 분할 매수(종목 및 시간) 원칙을 공유할게요.

1. 한 종목에 투자하는 금액의 상단선을 미리 정한다. 한 종목에 전체 투자금의 50% 이상을 투자하지 않는다.

2. 한 종목에 투자하는 금액의 상단선을 100%라고 두면, 이 금액을 3~4번에 걸쳐 나눠 산다. 괜찮은 종목이 보이면 일단 총투자금의 10%로 매수한다(이를 흔히 '정찰병을 보낸다'라고 표현한다). 주식시장이 강한 상승세를 보일 때는 상세하게 종목 분석을 하기 전에 주가가 급등하는 경우가 많으므로 간보기용으로 소액을 먼저 투자하는 것이다. 이후 종목이 가진 투자 포인트 등을 점검하고, 매수를 결정하기로 마음먹었다면 주가흐름을 봐가며 투자금을 나누어 매수한다.

적금 붓듯 적립식 매수를 해보자

종목 분산이 충분히 되어 있는 ETF/펀드를 매월 적립식으로 매수하는 방법도 있습니다. 적금 붓듯 매월, 매분기 등 정해진 주기대로 정해진 금액을 투자하는 거예요. 언제가 바닥일지 알 수 없으니 바닥에서 사는 걸 노리기보다 안정적으로 우상향할 수 있는 투자처에 꾸준히 투자를 하는 방식이죠. 여기서 포인트는 '우상향할 수 있는 투자처를 고르고, 주기적으로 매매를 한다'라는 것입니다.

그렇다면 장기적으로 우상향할 수 있는 투자처는 무엇이 있을까요? 삼성전자 주가 상승의 신화를 보며 "그때 샀어야 했어!"라고 말하는 사람이 많죠. '젊었을 때 다닌 회사에서 받은 주식을 잊고 있었는데, 그 주식 가격이 100배 올랐더라'라는 스토리도 들어보았을 것입니다. 주식 투자를 할 때 '대형 우량주를 장기 보유하면 오를 거야. 설마 망하겠어?'라는 생각으로 접근하는 경우가 많습니다. 규모가 큰 우량주의 주가는 정말 우상향하는지 확인해볼까요?

다음은 지금으로부터 약 10년 전인 2010년 1월 1일 기준으로 주식시장에서 기업 규모(시가총액)가 가장 큰 10개 종목을 뽑은 것입니다. 2020년 9월까지 각 종목의 수익률을 보면, 10년 동안 상승한 종목은 절반도 안 되는 4개에 불과한 것을 확인할 수 있습니다. 최근 주목을 받고 있는 네이버나 카카오, 셀트리온 같은 종목들은 리스트에서 찾아볼 수 없죠.

• **2010년 기준 규모 TOP10 종목, 이후 수익률은?**

종목코드	기업명	상위 시가총액	주가변동률
KRX005930	삼성전자	117.69조	206.33
KRX005490	PSOCO	53.88조	-68.61
KRX005380	현대차	26.65조	40.5
KRX105560	KB금융	23.07조	-36.01
KRX015760	한국전력	21.88조	-42.23
KRX055550	신한지수	20.49조	-36.69
KRX066570	LG전자	17.57조	-21.76
KRX012330	현대모비스	16.65조	29.82
KRX051910	LG화학	15.14조	174.4
KRX034220	LG디스플레이	14.04조	-61.91

개별 종목의 경우, 지금 아무리 좋아 보이는 사업을 하고 있어도 업황 변화에 따라 부침이 있을 수 있습니다. 철강 산업을 하는 포스코의 경우, 회사가 망하거나 문제가 생긴 것은 아니지만 과거에 비해 시장 전체가 어려움을 겪으면서 주가도 하락했습니다. 이런 업종의 흥망성쇠는 미리 알 수가 없죠. 예측이 힘들기 때문에 여러 업종의 회사를 모두 포함하고 있는 한 국가의 전체 주식시장 지수에 투자하는 ETF나 펀드를 고르는 것이 좋습니다.

국가 중에서도 신흥국보다는 선진국을 추천하고, 여러 국가의 주식을 모두 담아 분산하는 ETF나 펀드도 괜찮습니다. 이런 상품들은 WORLD(선진), AC WORLD(글로벌 전체) 등의 이름을 갖고 있습니다.

그럼 우리나라 주식시장과 미국 주식시장에 적립식으로 투자했을 때 성과가 어땠는지 살펴볼까요? 우리나라 시장을 대표하는 지수 코스피200에 투자하는 코덱스200이라는 ETF에 2003년부터 2020년까지 매월 30만 원씩 투자했다고 가정해봅시다. 약 18년간 투자한 원금은 6,480만 원가량이고, 평가액은 1억 5,000만 원이 넘습니다. 매월 적금 붓듯 투자한 결과 누적수익률은 238%로, 약 8,948만 원을 벌었습니다.

수익률을 보는 것도 중요한데요. 마음 편한 투자를 하기 위해서는 투자 기간 동안 나의 평균 매수 단가에 비해 주가가 어떤지도 확인해야 합니다. 다음 페이지(225쪽)의 차트를 볼까요? 주황색 선은 적립식 투자를 했을 때 해당 시점의 평균 매입 단가(average price)이고, 파란색 선은 주가(코덱스200)입니다. 파란색 선이 주황색 선보다 위에 있죠. 해당 기간 내내 양(+)의 수익률을 올리고 있다는 뜻입니다. 코스피가 장기간 우상향 흐름을 보이며, 2002년 적립식 투자를 시작한 초기와 2008년 금융위기 때를 제외하고는 17년간 내내 양(+)의 수익률을 기록했습니다.

• **2003~2020년 우리나라 ETF 누적수익률**

매월 미국 주식시장에 투자하는 ETF를 샀으면 어땠을까요? 이번에는 미국을 대표하는 S&P500지수에 투자하는 상품(TIGER 미국S&P500선물 ETF)을 골라 2012년 부터 2020년까지 30만 원씩 투자했다고 가정해봅시다. 약 9년간 투자한 원금은 3,240만 원가량이고, 평가액은 약 5,880만 원입니다. 누적 수익률은 181%이며, 투자 시간 동안 초기를 제외하고는 내내 양(+)의 수익률을 기록했습니다.

적립식 투자는 단기에 큰 폭의 상승을 바라기보다는 중장기적으로 접근해야 합니다. 또한 그 기간 동안 처음 정한 원칙을 지키는 것이 중요해요. 주가가 하락했을 때도

- **2012~2020년 미국의 ETF 누적수익률**

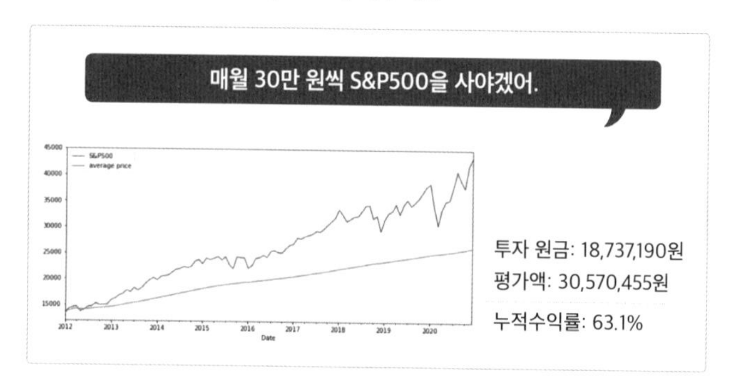

꾸준히 매수해야 평균 매입 단가를 낮출 수 있기 때문입니다.

주가가 1만 원일 때는 30만 원으로 30주를 살 수 있고, 이후에 주가가 하락해 5,000원이 된다면 30만 원으로 60주를 살 수 있습니다. 총 60만 원으로 90주를 매수한 것이므로 나의 매입 평균 단가는 7,500원으로 낮아집니다. 중간에 주가가 하락한다고 해서 임의로 매수를 멈추면 이렇게 매입 단가를 낮추는 효과를 누릴 수 없어요. 따라서 내가 투자하는 ETF나 펀드의 장기 우상향에 대한 의심이 생긴 게 아니라면, 중장기적으로 정해두었던 원칙을 그대로 지켜나가는 것이 좋습니다.

월급 외에 현금을 받을 수 있는 법

배당은 월세

기준금리가 1% 아래로 내려가면서 예적금만으로 돈을 모으는 것이 정말 힘든 세상이 되었습니다. 얼마 안 되는 이자에 대한 이자소득세까지 내고 나면 '내가 이걸 받으려고 돈을 1년, 2년 묶어 두어야 하나?'라는 생각이 들죠. 그리고 다른 투자처를 찾아보게 되는데요. 이런 흐름 때문인지 비교적 안정적으로 예적금보다 높은 배당수익률을 준다는 고배당주에 대한 관심이 높아지고 있습니다.

• 구글 트렌드로 본 '배당'에 대한 관심도

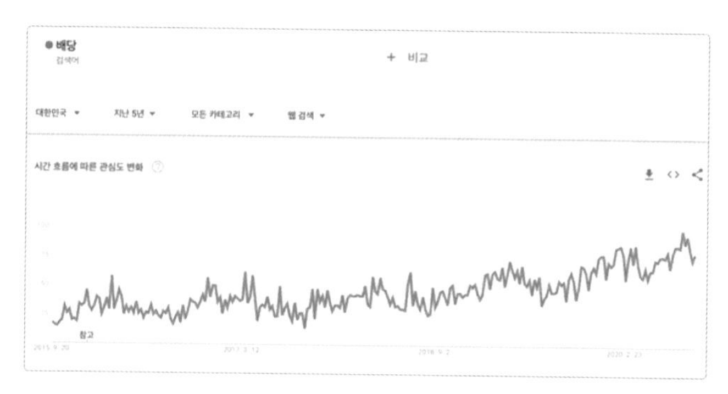

출처: 구글

그렇다면 배당이란 무엇일까요? 배당은 특정 기준일에 '우리 회사에 투자해주셔서 감사합니다'라는 의미로 회사가 벌어들인 이익의 일부를 주식을 보유한 투자자들과 나눠 가지는 것을 말합니다. 주기적으로 계좌에 이자처럼 현금 배당이 들어오는 개념인데, 이자와는 조금 달라요. 우리가 예적금에 가입할 때는 '이자율 2%' 이런 식으로 내가 이자를 얼마만큼 받을 것인지 미리 정해져 있는데, 배당주는 내가 배당 기준일에 주식을 보유하고 있다면 사후에 1개(1주)당 배당을 얼마나 줄지 배당금을 정해 나눠주는 방식입니다.

배당주 투자는 월세를 받는 오피스텔로 치환해 생각하면 쉽게 이해할 수 있습니다. 내가 1억 원으로 오피스텔을 매수한 뒤 세를 놓아 50만 원의 월세를 받기로 했다고 가

정해볼까요? 1년이면 600만 원이니, 월세 수익률은 6%가 되겠죠. 그런데 친구는 같은 건물을 9,000만 원에 매수한 뒤 50만 원의 월세를 받았습니다. 이때 친구의 월세 수입은 나와 마찬가지로 600만 원이지만, 초기 투자금이 적었으므로 월세 수익률은 600만 원을 9,000만 원으로 나눈 6.67%가 됩니다.

월세를 받는데다가 오피스텔 가격이 오르면 이를 팔아 시세 차익도 올릴 수 있죠. 물론 반대로 오피스텔 가격이 하락해 손실이 날 수도 있습니다. 즉 오피스텔 투자를 통해 월세 수익률과 오피스텔 가격 변동에 따른 매매 수익률, 두 종류의 수익을 기대할 수 있어요.

고배당주 투자도 유사합니다. 주식에 투자하는 것이기 때문에 주가 상승/하락에 의한 수익/손실이 있고, 그 외에 주기적으로 배당이라는 부수입이 생깁니다. 배당수익률은 아래와 같이 계산되는데, 내가 투자한 돈 대비, 배당으로 얼마를 받을 수 있는지를 나타냅니다.

$$\text{배당수익률} = \frac{\text{주당배당금(DPS)}}{\text{주가}}$$

배당주 투자를 할 때 반드시 기억해야 할 것이 있습니다.

우선, 고배당주 투자도 주식 투자이기 때문에 원금 보장이 되지 않습니다. 배당으로 3% 수익을 냈는데 해당 종목의 주가가 10% 하락했다면 결과적으로는 손실이 난 거죠. 오피스텔 사례로 생각해보면, 50만 원의 월세가 꼬박꼬박 들어와도 오피스텔 가격이 폭락한다면 손실을 볼 수도 있습니다.

또한 배당주는 매수 시점에 내가 받을 배당금을 알지 못한다는 점도 기억해둘 필요가 있습니다. 고배당주 리스트에 나오는 배당수익률은 '지난번 배당금을 이번에도 줄 것이다'라는 가정하에 계산합니다. 기업은 2020년 한 해 동안 벌어들인 이익을 기준으로 배당을 결정하는데, 만약 투자자가 이 배당을 받고 싶다면 2020년 말에 주식을 보유하고 있어야 합니다. 실제로 내가 얼마를 받을 수 있는지는 2020년 결산이 끝나고 이듬해(2021년) 봄에 주주총회를 통해 결정됩니다. 회사가 크게 어려운 상황이 아닌데 배당을 지난해보다 줄인다면 과거 수준의 배당을 바라고 주식을 산 주주들이 크게 반발하겠죠? 이런 이유로 배당은 일반적으로 직전 수치를 유지하거나 늘리는 경향이 있습니다.

배당수익률이 높은 고배당주를 고를 때는 과거 3년 이상 꾸준한 배당을 유지했는지도 확인하세요. 보통 지난해 배당을 올해도 유지한다고 가정하고 계산하기 때문에 배당수익률이 왜곡되기 쉽습니다. 한 번도 배당을 하지 않다가 지난해에 무리해서 일시적으로 높은 배당을 한 종목이 올해도 똑같은 수준의 배당을 할 것이라고 생각하긴 어렵습니다. 네이버 금융에 접속한 뒤 '국내증시>배당'을 클릭하면 전 종목의 배당수익률과 과거 3년 배당금 추이를 확인할 수 있으니 참고하기 바랍니다.

• 배당수익률과 배당금 추이 확인

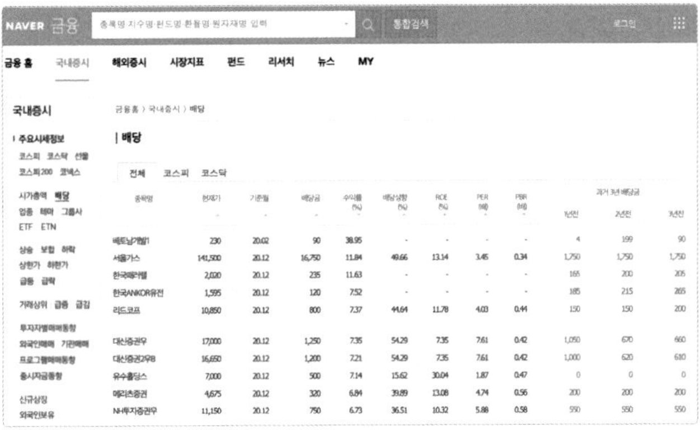

종목명	현재가	기준월	배당금	수익률(%)	배당성향(%)	ROE(%)	PER(배)	PBR(배)	과거 3년 배당금		
									1년전	2년전	3년전
베트남개발1	230	20.02	90	38.95	-	-	-	-	4	199	90
서울가스	141,500	20.12	16,750	11.84	49.66	13.14	3.45	0.34	1,750	1,750	1,750
한국패러랠	2,020	20.12	235	11.63	-	-	-	-	165	200	205
한국ANKOR유전	1,595	20.12	120	7.52	-	-	-	-	185	215	265
리드코프	10,850	20.12	800	7.37	44.64	11.78	4.03	0.44	150	150	200
대신증권우	17,000	20.12	1,250	7.35	54.29	7.35	7.61	0.42	1,050	670	660
대신증권2우B	16,650	20.12	1,200	7.21	54.29	7.35	7.61	0.42	1,000	620	610
유수홀딩스	7,000	20.12	500	7.14	15.62	30.04	1.87	0.47	0	0	0
메리츠증권	4,675	20.12	320	6.84	39.89	13.08	4.74	0.56	200	200	200
NH투자증권우	11,150	20.12	750	6.73	36.51	10.32	5.88	0.58	550	550	550

출처: 네이버 금융

배당주 투자는 공격적인 투자를 하는 사람보다 부업 투자자에게 조금 더 적합합니다. 주식 가격이 출렁여도 상대적으로 마음 편하게 버틸 수 있게 배당이 주어지기 때문이죠. 배당주는 월세를 받는 집과 비슷합니다. 월세를 받는 집은 단기에 집값이 하락해도 집을 팔지 않고 월세를 꼬박꼬박 받으며 추후에 집값이 오르길 기다릴 수 있죠. 고배당주 역시 주가가 하락해도 안정적인 배당을 받으며 기다릴 수 있고, 오히려 주가가 하락하면 싸게 투자해 같은 배당금을 받을 수 있기 때문에 배당수익률이 높아집니다. 그래서 고배당주는 일반적으로 주가가 어느 수준 이상으로 하락하지 않는 경향이 있어요.

우리나라 고배당주의 평균 배당수익률은 3~5%입니다. 다른 국가들과 비교했을 때 배당을 많이 주는 편이 아니죠. 특히 연말을 기준일로 하여 1년에 한 번만 배당을 주는 경우가 대부분입니다. 최근에는 국내 배당주에 비해 배당수익률도 높고, 분기 배당이나 월 배당이 흔한 미국 고배당주가 각광받고 있습니다. 미국 고배당주는 배당을 달러로 받을 수 있어 달러를 모으는 효과도 누릴 수 있죠.

미국 배당주 정보 확인하기

미국 배당주에 대한 정보를 알고 싶다면 dividend.com이라는 사이트를 활용하기 바랍니다. 유료 기능이 다수 있지만, 무료로 제공되는 기능만 잘 활용해도 배당수익률이 높고 안정적인 배당주와 ETF 정보를 확인할 수 있습니다. 또 배당을 꾸준히 늘려온 배당 귀족주(dividend aristocrats)와 배당 ETF 정보를 확인할 수 있습니다.

- **dividend.com**

우선 배당 귀족주 리스트를 확인해볼까요? 사이트에 접속한 뒤 'Best Dividends>Popular Dividend Payers'의 하위 메뉴를 클릭하면 됩니다. 배당 귀족주는 25년 이상 배당을 지속하고, 주당배당금을 늘려온 주식을 의미합니다.

꾸준히 배당을 해왔기 때문에 배당에 대한 불확실성이 낮고 꾸준히 배당을 줄 수 있을 만한 안정적인 비즈니스 모델을 갖고 있는 경우가 많죠. 결과를 보면 배당증가년수(yrs of consecutive dividend growth), 직전 12개월 기준 배당수익률 및 주당배당금(ltm yield & dividend) 데이터도 확인할 수 있습니다.

● **배당 귀족주 결과 페이지**

Dividend Aristocrat Stocks 77 Results

Filter by Top Picks*

Best Rated | Dividend Increasers | All filters | Download Table

Overview | Next Dividend | **Income Profile** | Income Risk | Returns Profile

	NAME	1 YR ANNUAL DIVIDEND GROWTH	5 YR ANNUAL AVG DIVIDEND GROWTH	YRS OF CONSECUTIVE DIVIDEND GROWTH	LTM YIELD & DIVIDEND
☐	Cullen Frost Bankers Inc. CFR | Stock	1.79%	35.71%	25 yrs	2.30% $2.86
☐	National Fuel Gas Co. NFG | Stock	2.31%	12.74%	25 yrs	3.42% $1.78
☐	West Pharmaceutical Services, Inc. WST | Stock	6.56%	44.44%	25 yrs	0.21% $0.67
☐	Carlisle Companies Inc. CSL | Stock	13.89%	86.36%	25 yrs	1.08% $2.08

출처: dividend.com

특정 배당주를 골라 사는 게 부담스럽고 어려운 분들을 위해 고배당 ETF를 찾는 방법을 알려드릴게요. dividend.com에 접속한 뒤 'Best Dividends〉Dividend Funds〉Dividend ETFs'를 클릭하면 다음과 같이 직전 12개월 기준 배당수익률 및 주당배당금 데이터가 나오는데요. 해당 요소를 클릭하면 클릭한 요소를 기준으로 ETF들이 정렬됩니다.

● 배당 ETF 결과 페이지

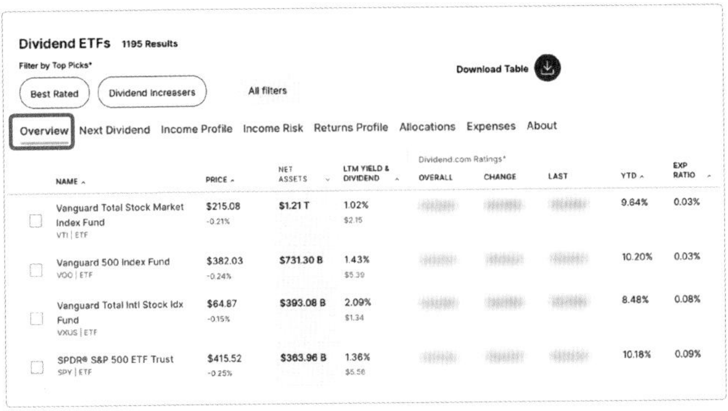

Dividend ETFs 1195 Results

Filter by Top Picks*

Best Rated | Dividend Increasers | All filters | Download Table

Overview | Next Dividend | Income Profile | Income Risk | Returns Profile | Allocations | Expenses | About

NAME	PRICE	NET ASSETS	LTM YIELD & DIVIDEND	Dividend.com Ratings* OVERALL	CHANGE	LAST	YTD	EXP RATIO
Vanguard Total Stock Market Index Fund VTI	ETF	$215.08 -0.21%	$1.21 T	1.02% $2.15				9.64%	0.03%
Vanguard 500 Index Fund VOO	ETF	$382.03 -0.24%	$731.30 B	1.43% $5.39				10.20%	0.03%
Vanguard Total Intl Stock Idx Fund VXUS	ETF	$64.87 -0.15%	$393.08 B	2.09% $1.34				8.48%	0.08%
SPDR® S&P 500 ETF Trust SPY	ETF	$415.52 -0.25%	$363.96 B	1.36% $5.56				10.18%	0.09%

출처: dividend.com

지금 보고 있는 'Overview' 페이지 외에 'Next Dividend', 'Income Profile' 등을 클릭하면 추가 정보를 확인할 수 있습니다. 'Next Dividend'에서는 배당 지급 주기, 가장 직전 배당기준일(Ex-div Date) 등 날짜와 관련한 데이터를, 'Income Profile'에서는 앞서 배당 귀족주를 볼 때 확인했던 배당증가년수, 배당 증가율 등을 확인할 수 있습니다. 개별 종목을 클릭하면 배당과 관련된 더 자세한 데이터를 확인할 수 있으니 참고하세요.

배당주 투자, 안전하게 하자

마지막으로 괜찮은 고배당주를 고르는 몇 가지 팁을 정리해볼게요. 앞서 회사가 벌어들인 이익 일부를 주주들과 나눠 가지는 것이 배당이라고 말씀드렸는데요. 정확하게는 재무제표 손익계산서에서 가장 하단에 위치한 순이익을 기준으로 배당을 결정합니다.

배당은 이사회에서 결의해 정기 주주총회에서 투표를 통해 결정합니다. 배당은 정해져 있는 게 아니라 주주들끼리 의사결정을 하는 것이기 때문에 사상 최대 이익을 거두었다 해도 배당하지 않을 수도 있고, 심각한 적자 상황에서 오히려 배당을 늘릴 수도 있습니다. 우리가 배당주 투자를 할 때는 이후에 얼마만큼의 배당을 받을지 모르는 상태로 투자하는 것이니 배당의 바탕이 되는 이익이 꾸준한지 반드시 살펴봐야 합니다.

고배당주 고를 때 이것만은 체크하자!

1 현재 주가 대비 배당수익률이 높은 수준인가.

2 과거 3~5년간 주당배당금 추이는 어땠는가. 배당을 유지시켰는가, 증가시켰는가.

3 안정적인 순이익을 기록하는 회사인가. 회사 내부 문제는 없는가.

두산그룹의 지주사인 두산은 매년 5,000원이 넘는 주당배당금을 나눠주는 고배당주 기업으로 유명하죠. 2020년 초 주가 기준으로 배당수익률은 10%를 넘어가는 상태였습니다.

그런데 두산그룹의 상황이 악화되면서 보유한 자산과 회사들을 매각해야 하는 최악의 상황이 발생했고, 결국 두산그룹은 2020년 1분기 배당 미실시를 결정했어요. 향후에도 배당을 시행할지 불투명한 상황이죠. 이러한 상황에서는 주가가 하락하고, 배당순익률을 계산하는 수식상의 분모인 주가가 낮아지게 됩니다. 결과적으로 분자의 주당 배당금에는 작년 수준의 배당금이 들어가고, 분모인 주가는 낮아져 배당수익률이 높아 보이는 착시 효과가 나타납니다.

● 배당주 관련 뉴스 제목 캡처 화면

www.yna.co.kr › view › AKR20200514152100003 ▾
두산 "1분기 배당 미실시…2분기도 상황 고려해 결정" | 연합뉴스
2020. 5. 14. - 두산은 14일 이사회를 열어 1분기 배당 미실시를 의결했다고 공시했다. 두산은 신종 코로나바이러스 감염증(코로나19) 확산으로 금융시장이 경색 ...

www.infostockdaily.co.kr › news › articleView ▾
두산, 1분기 당기순손실 3800억원 '적자 전환'… "1분기 배당 ...
2020. 5. 14. - 또한 두산은 이날 이사회를 열고 1분기 배당 미실시를 의결했다. 2분기 이후 배당 여부도 시장상황 등을 고려해 결정할 예정이다. 회사 측은 "코로나19 ...

고배당주 투자는 배당수익률이 보장되는 투자가 아닙니다. 고배당주 투자도 주식 투자이고, 분명 원금 손실 가능성이 있기 때문에 건강한 고배당주를 고르는 여러 가지

요소를 반드시 고려해야 해요. 이게 어렵다면 괜찮은 배당주를 골라 투자해주는 ETF나 펀드에 투자하는 것도 좋은 방법입니다. 네이버 금융에 접속한 뒤 검색창에 '배당'을 입력하면 아래와 같이 국내 배당 관련 상품 리스트를 확인할 수 있습니다.

● 국내 배당 관련 상품 리스트 확인

NAVER 금융 종목명·지수명·펀드명·환율명·원자재명 입력 통합검색 로그인

금융 홈 국내증시 해외증시 시장지표 펀드 리서치 뉴스 MY

금융검색

금융홈 > 금융검색

'배당'검색결과 (총206건)

국내종목(24) 펀드(182)

종목명	현재가	전일대비	등락률	매도호가	매수호가	거래량	거래대금(백만)
KOSEF 고배당 코스피	9,035	▲ 90	+1.01%	9,035	9,020	1,685	15
ARIRANG 고배당주 코스피	12,685	▲ 175	+1.40%	12,680	12,670	65,458	829
파워 고배당저변동성 코스피	32,120	▲ 285	+0.90%	32,200	32,120	40	1
TIGER 코스피고배당 코스피	14,630	▲ 210	+1.46%	14,630	14,605	5,731	83
KINDEX 배당성장 코스피	38,980	▲ 20	+0.05%	39,235	39,105	14	0
TIGER 배당성장 코스피	19,500	▲ 145	+0.75%	19,485	19,460	229	4
KODEX 배당성장 코스피	15,715	▲ 130	+0.83%	15,720	15,710	4,003	62
ARIRANG 미국다우존스고배당주(합성 H) 코스피	15,970	▲ 100	+0.63%	16,085	15,970	28,315	453

출처: 네이버 금융

현명하게
노후 준비하기

돈 걱정 없는 편안한 노후를 위해

여러분은 노후 대비를 어떻게 하고 있나요? 직장인이라면 매월 월급에서 '국민연금'이 빠져 나가고, 회사에서 '퇴직연금'과 관련된 서류에 사인을 했을 겁니다. '연금'이라는 말이 붙어 있는 금융상품들이 노후를 위한 대표적인 투자처입니다. 개념은 간단해요. 매월 일정 금액을 적립해 돈을 굴리고 나중에 나이가 들어 지정한 시기부터 이 돈을 매월 연금으로 수령하는 것이죠. 은퇴하기 전에 건물주가 되어 돈 걱정 없이 편안한 노후를 보낼 수 있다면 미리 준비할 필요가 없지만, 그러지 못할 가능성이 크다면 연금상품을 통해 현실적인 준비를 시작해야 합니다.

상품에 따라 다르지만, 연금은 중간에 해지하면 원금을 돌려받지 못하는 경우가 많고, 그동안 받은 혜택도 토해내야 하기 때문에 가입할 때 '이 돈은 30년 만기 상품에 묶어두는 거야'라는 생각으로 접근하는 것이 좋습니다.

대표적인 상품으로는 퇴직연금(DC형&DB형), 연금저축(개인연금), IRP(개인형 퇴직연금)가 있습니다. 각각의 차이를 정리해볼까요? 퇴직연금은 회사가 내 노후를 위해 가입해주는 것, 연금저축은 내가 내 노후를 대비하기 위해 가입하는 것, IRP는 연금저축과 퇴직연금을 섞어놓은 것입니다. 회사를 다니는 동안 적립한 퇴직금을 퇴사할 때 IRP 계좌로 받거나 회사가 납입해주는 퇴직연금 외에 추가로 돈을 납입하는 것도 가능합니다.

안정적인 현금흐름을 원한다!

연금

퇴직연금	회사가 나를 위해
연금저축	내가 나를 위해
IRP	둘 다! 회사 납입 + 개인 납입

퇴직연금의 관리법

많은 사람이 입사 후에 잘 모르는 상태로 퇴직연금 관련 서류에 사인을 합니다. 퇴직연금은 회사가 나의 노후를 위해 적립해주는, 우리 부모님 세대가 퇴직할 때 받던 퇴직금과 유사한 개념입니다. 원래는 퇴직금을 회사가 알아서 적립하고 퇴직하는 시점에 근로자에게 지급했는데, 회사에 문제가 생기면 이 돈을 받을 수 없으니 금융기관에 매년 퇴직금을 쌓는 퇴직연금제도가 만들어졌습니다. 이때, 퇴직금을 어떻게 쌓을 것이냐에 따라 DB형과 DC형으로 구분합니다.

DB형과 DC형, 조금 어렵죠? 간단히 말하면 DB형은 부모님 때의 퇴직금처럼 퇴직 시점의 평균 월급에 근속연수를 곱한 금액을 받는 방식이고, DC형은 회사가 쌓아주는 돈을 어떻게 굴릴지 내가 지시를 내리고 그에 따른 수익을 챙기는 방식입니다. 둘 중 어떤 방식을 선택할 것인지는 자신의 연봉 인상률을 고려해 결정하는 것이 좋습니다.

한 회사에서 3년 동안 근무한 직장인 A의 월급이 200만 원, 210만 원, 220만 원으로 올랐다고 가정해봅시다. DC형을 선택하면 630만 원(200+210+220만 원)을 회사에서 적립해주고 이 돈을 굴려 발생한 결과의 금액을 받게 됩니다.

10% 수익이 났다면 추가적으로 63만 원이 쌓이고, 반대로 손실이 났다면 퇴직금이 깎이는 것이죠.

DB형은 정해진 퇴직금을 받는 것이기 때문에 수익 혹은 손실이 없습니다. 퇴직 시점의 월급인 220만 원에 3년의 근속 기간을 곱한 660만 원을 받게 됩니다. DB형과 DC형 퇴직연금의 차이를 도식화하면 다음과 같아요.

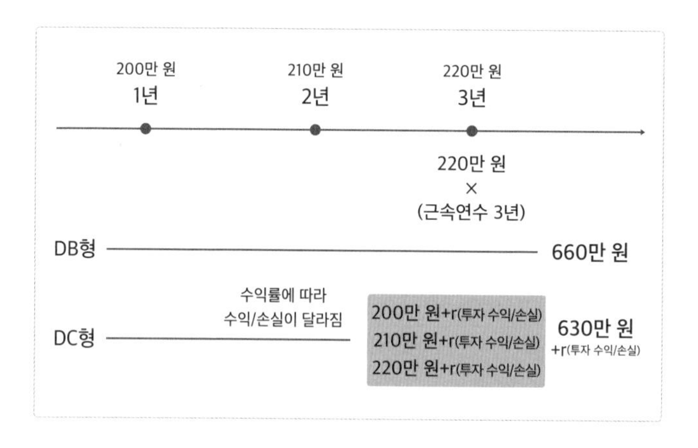

기본 원리를 알았다면, 이제 둘 중 하나를 선택해야 합니다. 연봉 상승률이 높고 안정적인 회사라면 DB형을, 투자에 관심이 많고 연봉 상승률이 높지 않다면 DC형을 많이 선택합니다. 보통 회사는 근로자에게 DC형을 권하는데, 연봉 상승률보다 높은 수익을 낼 자신이 없다면 DB형을 선택하는 것이 나을 수도 있습니다.

연금저축과 IRP

국민연금과 퇴직연금 외에 추가적으로 노후 대비를 하고 싶다면 연금저축이나 IRP를 통해 연금을 더 넣을 수 있습니다. 연금저축과 IRP를 합산해 연간 1,800만 원까지 납입이 가능하죠. 우리나라의 노인빈곤율은 OECD 1위를 기록하고 있고, 고령화가 빠른 속도로 진행되고 있어 개인이 기본 연금 외에 더 가입을 하면 국가에서 세제 혜택을 주고 있습니다. 연금저축은 연간 400만 원까지, IRP는 합산 700만 원까지 세액공제를 받을 수 있습니다. 연말정산 시 돈을 돌려받을 수 있는 것이죠. 소득에 따라 세율이 달라지는데, 소득에 따라 얼마를 돌려받을 수 있는지 다음 표를 통해 알아볼까요?

• 소득에 따른 세액공제 한도와 세액공제율

연간 소득 구간		세액공제 한도(만 원)			세액 공제율 (%)
총급여(근로자)	종합소득금액	전체	연금 저축	IRP	
5,500만 원 이하	4,000만 원 이하	700	400	700	16.5
5,500만 원~ 1억 2,000만 원 이하	4,000만 원~ 1억 원 이하	700	400	700	13.2
1억 2,000만 원 초과	1억 원 초과	700	300	700	13.2

※ 사업소득자이거나 근로소득 외의 소득이 있다면 종합소득금액 기준으로 세액공제를 확인하면 된다.

노후 대비도 하고, 세금도 돌려받고 1석 2조죠. 연금저축 월 납입액이 33만 원(400만 원/12개월)을 넘어간다면 초과분은 IRP로 납입하세요. 노후 대비를 하는 동시에 세액공제를 받을 수 있습니다.

그런데 세액공제만을 보고 너무 많은 금액을 납입해서는 안 됩니다. 중도 해지할 경우, 불이익이 만만치 않거든요. 1,000만 원이 쌓여 있는 연금 계좌를 해지하면(세액공제를 받았다고 가정) 16.5%인 165만 원을 다시 내야 합니다.

연금상품에는 감당할 수 있는 수준의 금액을 납입할 것을 추천합니다. 사실 제가 회사에 다닐 때 세액공제를 받기 위해 연금저축, IRP 등 많은 상품에 가입했는데 퇴사 후 급하게 목돈이 필요해 안타깝게도 연금 계좌를 해지하고 말았어요. 대부분의 사람이 결혼, 출산, 육아 등 인생 사이클을 거치며 목돈이 필요한 일을 자주 마주하게 됩니다. 앞으로의 미래를 생각해보세요. 목돈이 들어갈 일이 있다면 연금 납입액을 신중히 결정하기 바랍니다.

급하게 목돈이 필요한 경우에는 중도인출제도나 연금담보대출을 활용하는 방법도 있습니다. 다행히 법에서 정한 부득이한 상황(부양가족 요양, 개인회생 등)으로 납입금을 인출해야 할 때는 16.5%가 아닌 3.3~5.5%의 연금소득세가 부과됩니다. 2020년 말 기준으로 IRP는 아직 담보대출제도가 없지만, 연금저축은 납입금을 담보로 담보대출을 받을 수 있습니다.

연금 고민할 때 체크할 것들

세액공제는 좋은 것 같은데, 추가적으로 연금상품에 가입하는 게 맞는지 의구심이 드나요? 판단이 잘 서지 않는다면 다음 기준을 살펴보세요.

<table>
<tr><td>은퇴까지 얼마나 남았는가.</td><td colspan="2">- 은퇴까지 20년 넘게 남은 사회 초년생이라면 결혼, 출산, 육아 등 목돈이 들어갈 일이 많기 때문에 연금상품에 많은 금액을 납입해서는 안 된다.
- 은퇴까지 남은 기간과 월 납입액은 반비례</td></tr>
<tr><td rowspan="3">이미 가입한 연금상품이 있는가.</td><td>공무원, 교사, 군인 등 연금제도가 잘 마련되어 있는 직업</td><td>추천 안 함!</td></tr>
<tr><td>일반 회사원</td><td>여유가 있다면 소액으로!</td></tr>
<tr><td>프리랜서, 자영업자</td><td>추천!</td></tr>
</table>

은퇴까지 얼마나 남았는가

연금은 초장기 상품이고, 중도에 해지하면 원금을 돌려받지 못하는 경우가 많습니다. 은퇴까지 남은 기간이 길수록 월 납입액을 적게 설정하는 것이 좋죠. 노후 대비도 중요하지만 재테크를 위한 종잣돈을 만드는 게 우선입니다.

이미 가입한 연금상품이 있는가

일반 회사원이라면 국민연금과 회사에서 가입해준 퇴직연금이 있기 때문에 월급과 재테크 가능 금액에 따라 여유가 있다면 추가로 연금상품에 소액을 납입하는 것이 좋습니다. 여기서 소액의 기준이 사람마다 다른데, 개인적으로 재테크 가능 금액의 10~20%가량이면 적당하다고 생각해요. 월급이 300만 원이고, 각종 지출을 제외한 저축/투자 가능 금액이 100만 원이라면 연금으로 10~20만 원가량 납입하는 것이죠.

공무원, 교사, 군인 등 연금제도가 잘 되어 있는 직업을 갖고 있다면 추가적으로 연금상품에 가입할 필요가 없습니다. 사실 연금이 잘 나오는 대신 현재의 월급이 적은 편이기 때문에 노후 대비보다는 목돈 모으기와 굴리기에 초점을 맞추고 재테크를 하는 것이 좋습니다.

반대로 프리랜서, 자영업자라면 연금상품 가입을 고려할 필요가 있습니다. 근로 계약을 맺지 않은 상태로 일을 하는 프리랜서는 국민연금에 가입되어 있지 않은 경우가 많고, 퇴직연금도 없습니다. 자영업자는 국민연금 등 연금을 갖고 있지만 업황에 따라 변동성이 크기 때문에 대비가 필요합니다.

연금저축과 IRP, 둘 중에 뭘 하지?

우리 스스로 노후 대비를 위해 연금상품에 가입하고자 한다면 연금저축과 IRP, 2개의 선택지가 있습니다. 두 상품은 어떤 차이가 있는지 알아볼까요?

첫째, IRP에는 위험자산 편입 제한이 있어 전체 계좌 금액의 70%까지만 위험자산에 투자할 수 있습니다. 달러나 금 ETF에도 투자할 수 없죠. 둘째, IRP는 상품수수료 외에 계좌수수료가 있습니다. 퇴직금을 가져온 건지, 여러분이 따로 추가금을 납입한 건지에 따라 수수료 체계가 다른데, 보통 0.3% 정도라고 생각하면 됩니다. 55세까지 장기로 가지고 있어야 하고 금액이 크기 때문에 수수료를 꼭 확인할 필요가 있습니다.

연금상품은 은행, 증권사, 보험사에서 판매하고 있습니다. 연금저축은 증권사와 보험사에서, 개인형 IRP는 은행, 증권, 보험사에서 판매합니다. 금융기관과 상품에 따라 돈을 굴리는 방법이 달라지는데, 매월 납입금으로 적금을 부을 수도 있고, 펀드를 살 수도 있습니다. 보통 은행이나 보험사에서는 금리 연동형 상품을 많이 취급하고 증권사에서는 리스크가 조금 큰 펀드, ETF 등을 취급합니다. 여러분이 선택한 대로 노후에 받을 자금이 운용되기 때문에 수익률에 따라 연금이 많아질 수도 있고, 반대로 줄어들 수도 있습니다.

취급하는 상품이 다르다는 것 외에도 연금저축은 판매처별로 다른 점들이 있습니다. 크게 납입 방식과 원금 보장 여부가 다르죠. 보험사에서 판매하는 연금저축보험은 만기까지 유지했을 때 원금 보장이 되고, 정기납을 해야 한다는 특성이 있어요. 여기서 정기납은 일반적인 보험상품처럼 매월 정해진 금액을 꾸준히 납입해야 한다는 의미입니다. 반면 자유납은 중간 상황에 따라 납입을 정지하는 등의 변경이 가능합니다.

다음 표(249쪽)를 살펴볼까요? 은행에서 판매하던 연금저축신탁은 현재 판매가 중지된 상태입니다. 비슷한 성격의 대체재로 IRP 계좌에서 은행에서 판매하는 예적금 상품을 매수하는 방식이 있으니 참고하세요.

● **연금저축신탁, 연금저축보험, 연금저축펀드의 특징**

	연금저축신탁 (은행)	연금저축보험 (보험사)	연금저축펀드 (자산운용사)
납입 방식	자유납	정기납	자유납
원금 보장 여부	원금 보장	원금 보장	미보장

* 중도 해지 시 원금 미보장

이미 가입한 연금저축, IRP 상품이 있나요? 내가 가입한 상품이 별로인 것 같거나, 잘 모르고 가입해 다른 것으로 바꾸고 싶다면 '계좌이전제도'를 활용하세요. 해지하지 않고 혜택이 좋거나 상품 라인업이 마음에 드는 타사로 나의 연금 잔액을 손쉽게 이전할 수 있습니다. A은행 계좌에 있는 100만 원을 B은행 계좌로 이체하듯 연금상품을 이전하는 방식이에요.

챔의 연금 포트폴리오

여기까지 조금 어렵고 생소할 수 있는 노후대비를 위한 연금 상품들을 살펴봤습니다. 간단히 요약하면 다음과 같아요. 1) 회사가 내 노후를 위해 가입해주는 퇴직연금은 DB형, DC형이 있고, 내 퇴직연금이 DC형이라면 운용 지시를 내려야 한다. 2) 100세 시대, 추가적으로 노후대비를 하고 싶다면 개인연금(연금저축), 개인형 IRP에 가입할 수 있다. 이 2가지 상품에 납입하는 돈은 연말정산에서 세액공제를 받을 수 있으나, 중도 해지하면 혜택을 토해내야 하기 때문에 감당할 수 있는 적당한 금액을 납입해야 한다.

이런 요소들을 고려해서 연금저축이나 IRP를 가입한다고 끝이 아닙니다. 내 노후자금을 어떻게 굴릴지 예금, 펀드, ETF 등 상품을 골라 운용 지시를 내려야 하죠. 단, 삼성전자, 카카오 같은 개별 주식을 살 수는 없어요.

저는 비용도 저렴하고 다양한 대상에 투자할 수 있는 ETF를 통해 연금 자산을 굴리고 있는데, 노후를 위한 투자이기 때문에 안정적으로 자산을 배분했습니다.

● 챔의 연금 포트폴리오

목표 투자 금액(만원)		1,800				
포트폴리오 평가액(만원)		1,422	1,800			
추가 필요액(만원)		**378**				
카테고리	티커	가격	비중	금액	갯수	리밸런싱
주식	신흥	9,670	10.0	1,800,000	186	86
주식	나스닥	53,030	10.0	1,800,000	33	13
주식	s&p500	12,320	15.0	2,700,000	219	69
채권	미국채혼합	11,705	0.0	-	0	-200
채권	해외채권펀드	1	25.0	4,500,000	4500000	4500000
유동성	예금	1	40.0	7,200,000	7200000	-800000
				-		
합산			**100.0**			

저는 '주식:채권:유동성= 4:3:3'을 기본으로 하되, 리밸런싱 시점의 시장 뷰에 따라 5~10%씩 비중을 바꾸는 편입

니다. IRP는 국내 상장 ETF나 펀드만으로 자산배분을 구현해야 하기 때문에 최대한 단순한 비율을 적용하고, ETF나 펀드도 규모가 큰 대표 상품들로 구성했습니다.

주식은 미국 S&P500과 나스닥을 각각 15%와 10%, 신흥국 전체에 투자하는 ETF를 10% 담아 선진국과 신흥국 밸런스를 맞췄습니다. 채권은 원하는 대상에 투자해주는 ETF가 없어 펀드 중에서 해외 채권을 골고루 담아가는 펀드를 선택해 25% 담았습니다. 나머지 40%는 리스크가 낮은 예금을 선택해 투자했죠.

저의 포트폴리오는 안정적인 포트폴리오에 가깝습니다. 투자 성향에 따라 주식 비중을 늘리거나 인플레이션에 대비할 수 있는 원자재, 물가연동국채 등을 포트폴리오에 추가하는 것도 좋은 방법이라고 생각합니다.

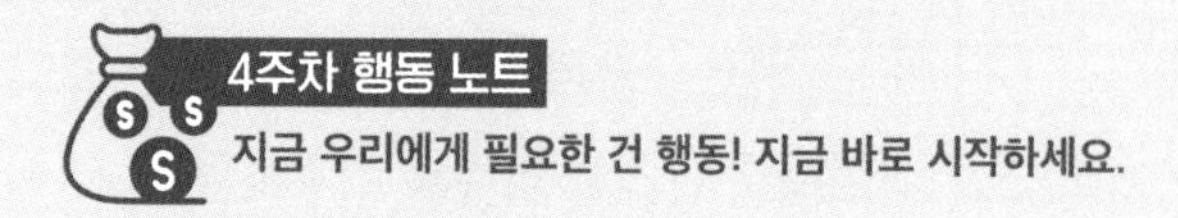

- **나의 투자 포트폴리오를 구성해봅시다.**
  - 주식, 채권, 원자재 등 각 자산의 투자 비중은 몇 퍼센트로 정했나요? 그 이유는 무엇인가요?
  - 각 자산에 해당하는 투자상품은 무엇으로 정했나요?
  - 그렇게 포트폴리오를 구성했을 때 주기적으로 받을 수 있는 이자나 배당금이 있나요?

- **투자하려는 금액을 100%로 두고 다음 순서에 따라 분할 매수를 해봅시다.**
  - 처음 관심이 갈 때 1주 또는 투자하려는 금액의 10%가량을 투자합니다.
  - 종목 스터디를 어느 정도 진행한 뒤 투자하기로 마음먹었다면 남은 90%의 금액을 2~3번에 걸쳐 매수합니다.

- **요즘 어떤 주식이 뜨는지, 배당금은 얼마나 주는지 확인해봅시다.**
  - 네이버 금융에 접속해 배당주 리스트를 확인한 뒤 최근 3년간 꾸준히 배당하면서 배당금을 늘린 종목을 선정해봅시다. 해당 종목을 클릭하면 그 회사의 상세 페이지가 보입니다. 최근 주가가 급락하진 않

았나요? 시가총액이 3,000억 원 이상으로 규모가 제법 큰 회사인가요? 최근 몇 년간 안정적인 수익을 기록하고 있나요?

- 배당주는 만능이 아닙니다. 최근 3~6개월 동안 주가가 30% 이상 하락했거나 규모가 작고 이익이 들쭉날쭉한 회사라면 배당을 목적으로 투자해서는 안 됩니다. 다시 한 번 조건을 만족하는 배당주를 찾아봅시다. 개별 배당주를 찾는 것이 어렵다면 배당주에 투자해주는 펀드나 ETF를 고민해봅시다.

• **현재 어떤 연금을 보유하고 있는지 점검해봅시다.**

- 퇴직연금은 어떤 유형으로 가입되어 있나요? DC형이라면 운용 지시를 내려봅시다. 예적금부터 펀드까지 다양한 상품에 투자할 수 있습니다. 어떤 상품에 투자할 것인가요?
- 노후 대비를 위해 연금저축이나 IRP에 추가로 납부하고 있나요? 월 납입액이 세액공제 한도 내에 들어오나요? 수익률은 어떤가요? 수익률이 저조한다면 다른 상품으로 갈아타는 것을 고민해봅시다.

마라톤이 끝나는 그날까지

여러분, 너무 고생했습니다. 그런데 지금부터가 진짜 시작입니다! 책 한 권으로 재테크 고수, 투자 고수가 된다면 얼마나 좋을까요? 이 책을 통해 기본적인 것을 쭉 훑은 여러분은 앞으로 투자 세계에서 본격적으로 긴 마라톤을 해나가야 합니다. 스스로 열심히 공부하지 않으면 투자로 지속 가능한 수익을 내는 건 불가능합니다. 워런 버핏도 때로는 손실을 내죠.

이 책은 이제 막 돈을 벌기 시작해 제대로 돈 관리를 하고 싶은 재테크 스타터들을 위해 쓰게 되었습니다. 제가 돈 관리를 시작할 때 궁금해 찾아보았던 것들, 시행착오를 겪었던 것들을 중점적으로 정리했어요.

많은 사람이 '주식 올인! 코인 대박! 로또급 수익률!'을 꿈꾸지만, 사실 그런 행운을 거머쥐긴 매우 어렵죠. 현실적으로 우리가 할 수 있는 것들(청약저축, 연말정산, 가계부 애플리케이션 활용법, 주식 투자를 위한 재무제표 읽는 법 등)을 한 권에 담았습니다. 단언컨대, 이 책의 내용을 잘 숙지하면 피 같은 월급을 모으고 굴릴 때 누구보다 야무지게 돈 관리를 할 수 있을 것입니다.

마지막으로, 앞으로는 이론적인 내용을 아는 것만큼이나 본인의 원칙을 세우고 마인드셋(mindset)을 다지는 것이 중요합니다. 뻔한 말일 수도 있지만 방향성 없이 대응하는 것이 아니라 미리 원칙을 세우고 앞을 향해 달려나가야 해요. 참고가 되었으면 하는 바람으로 저의 재테크/투자 원칙을 공유하며 마무리하겠습니다.

여러분의 눈부신 앞날을 응원합니다!

챔의 투자원칙

1 본업을 통해 버는 근로 소득의 가치를 무시하지 말자. 정년까지 꾸준히 월급을 받을 수 있도록 끊임없이 자기 계발을 하자.

2 수입 증대를 위해 적극적으로 부수입원을 만들자.

3 최대한 빨리 종잣돈을 모으자. 저축 목표를 정하고, 이를 달성하며 성취감을 느끼자.

4 신용카드 혹은 체크카드를 긁기 전에 꼭 필요한 소비인지 한 번 더 생각하자.

5 주식 공부는 빨리 시작할수록 좋다. 부동산 공부, 세금 공부도 마찬가지다.

6 공부를 해도 모르겠다면 조언을 구할 멘토를 찾자.

7 미래는 아무도 예측할 수 없다. 월수입의 3배 정도 되는 금액은 언제든 인출해서 쓸 수 있는 상태(현금, 입출금 계좌, CMA 계좌)로 두자.

8 투자를 한 후에는 수익 혹은 손실이 난 이유를 반드시 확인하자.

부록

'행동 노트' 쓰기의 예시

1주차 행동 노트

기본적으로 행동 노트는 아래 적어둔 배경의 평범한 직장인 A를 기준으로 작성했습니다.(연금 부분 제외)

A는 1995년생, 1년차 개발자(직장생활 6개월째), 월급 180만 원(식대, 야근수당 없음), 전 재산은 120만 원(통장 잔고)인 사회초년생입니다. (해당 예시로 든 은행, 증권사의 상품은 사라질 수도 있습니다. 가계부 애플리케이션도 개인에 따라 만족도가 다를 수 있습니다. 참고용으로만 보시면 됩니다.)

- **나의 재무상태표 작성하기**

나는 3년 후인 30 세까지 4,000 만 원의 자산을 모으겠습니다. 계획대로 저축/투자를 실행한다면 자산 중 위험자산 투자 비율은 50 %이며, 현금화가 쉬운 유동자산 비율은 70 %입니다.

<구체적인 계획>

- 부모님 집에서 통근하니 주거비가 들지 않는다. 최대한 절약해서 종잣돈을 빠르게 모으는 것이 목표다.
- 통신/보험료 등 고정비와 식비 등 생활비를 제외하고 저축 및 투자로 한 달에 80~100만 원을 모을 예정이다.
- 저축 및 투자는 1년 만기 적금 50만 원 + 매월 적립식으로 30~50만

원으로 주식이나 ETF를 매수할 계획이다. 만기가 된 적금은 비상용으로 CMA 계좌에 넣어둘 예정이다.

• **증권사의 CMA 계좌 개설하기**

나는 삼성증권 에서 연 수익률 0.4 %의 CMA 계좌를 개설했습니다.

(50만원 이상 급여 이체를 할 경우 우대금리 1.5%가량을 더 주므로 연 1.9%의 수익을 기대할 수 있다.)

• **가장 높은 이자율을 제공하는 예적금 상품 찾기**

'금융상품 한눈에'와 '마이뱅크'를 통해 알아본 결과, 내게 가장 높은 이자율을 제공하는 상품은 디비저축은행 의 연 이자율 3.6 % 예적금 상품입니다.

(연 200만 원이라는 납입한도가 있기 때문에, 3% 초중반의 이자율을 적용하는 페퍼저축은행, 웰컴저축은행 상품도 같이 비교해보려고 한다.)

• 청약통장 개설 후 월 납입액 설정하기

나는 우리 은행에서 청약통장을 개설했으며, 앞으로 월 2 만 원씩 납입할 계획입니다. 납입금을 2 만 원으로 정한 이유는 무주택 세대주가 아니기 때문이다. 그래서 주택청약에 납입한 금액을 소득공제받을 수 없고, 월급이 적기 때문에 최소 금액인 2만 원만 납입할 계획이다. 추후 자취를 하게 되거나 월급이 올라 여유가 생긴다면 납입금을 조금씩 늘려갈 예정 입니다.

- **청약홈에서 청약 정보 확인하기**

내가 관심을 갖고 있는 서울 DMC 지역 지역의 DMC아트포레자이 청약 경쟁률은 53:1 이며, 당첨 평균 가산점은 65.1 점입니다. 나의 가산점을 계산해본 결과 12 점입니다.

(30세 미만 무주택자[0점] + 부양가족 0명[5점] + 청약통장 가입기간 5년[7점 = 12점성인이 되고 통장 개설하러 은행에 갔다가 직원 추천으로 청약통장을 가입했었다. 가입기간이 쌓여 그래도 가산점이 10점을 넘었다.)

- **가계부 애플리케이션 선택하기**

효율적인 지출 관리를 위해 사용하기로 결정한 애플리케이션은 편한가계부 이며, 편한가계부 를 선택한 이유는 군더더기 없이 깔끔한 구조라 지출관리를 간단히 할 수 있기 때문입니다.

- **고정 지출, 변동 지출 중 줄일 수 있는 항목 확인하기**

핸드폰 요금제 다이어트 하기

술은 1주일에 한 번만 먹기

• **연말정산 확인하기**(주택청약을 통해 소득공제를 받을 수 있는지, 세액공제를 받을 수 있는 연금상품을 가지고 있는지 등을 기록해봅시다.)

무주택 세대주이기 때문에 주택청약 납입금을 소득공제받을 수 없다. 현재 모은 자산이 거의 없기 때문에 세액공제를 보고 연금상품을 가입하는 건 부담스럽다. 나중에 생각해볼 예정이다.

<메모>

- 이 계획대로 하면 3년간 2,880만 원 ~ 3,600만 원을 모을 수 있다. 목표한 4,000만 원을 위해서는 500만 원 이상의 추가 수입이 필요하다.
- 직장생활을 하며 배운 것들을 어떻게 누군가에게 콘텐츠로 팔 수 있을지 고민해봐야겠다. 개발과 관련한 블로그나 유튜브 활동을 하거나 PDF 전자책을 출간하는 것도 방법일 것 같다. 혹은 여유시간을 살려 배달대행 아르바이트도 생각 중이다.

2주차 행동 노트

• **신용등급/점수 확인하기**

토스 애플리케이션으로 신용점수를 확인하니 961점으로 높은 편이다. 이대로 관리를 잘한다면 대출, 신용카드 발급 등에서도 문제가 생기지 않을 것이다.

• **돈을 주로 어디에 쓰는지 확인하고 투자 기회 포착하기**

- 카카오 택시와 쇼핑(요즘은 더현대 서울에 자주 갔다)에 가장 많은 돈을 소비한다. 각각 카카오, 현대백화점이라는 관련주로 생각해볼 수 있을 것 같다.

① 카카오는 택시뿐 아니라 카카오뱅크, 카카오페이 등 수많은 유망 자회사들을 거느리고 있다.

② 현대백화점은 서울 최대 규모의 백화점인 더현대 서울을 여의도에 개장했다. 코로나 이후 보복소비, 신규 출점 효과로 돈을 많이 벌 것 같다. ⇒ 근데 내가 아는 이런 내용은 다른 사람들도 이미 다 아는 게 아닐까? 카카오와 현대백화점의 최근 주가 추이가 어땠는지 확인해봐야겠다.

• **주식 투자 시작하기**

나는 7 월 30 일까지 증권사 국내 계좌를 개설하고 30만 원을 증권 계좌에 이체할 생각입니다.

나는 7 월 30 일까지 증권사 해외 계좌를 개설하고 20만 원을

증권 계좌에 이체할 생각입니다.

- 넷플릭스를 열심히 보고 있는데, 이 회사와 관련한 투자 관련 정보를 파악해야겠다. 그리고 디즈니도 곧 한국에서 OTT 서비스를 실시한다고 하니 그곳도 알아봐야겠다.

• **본격적으로 주식 투자하기**

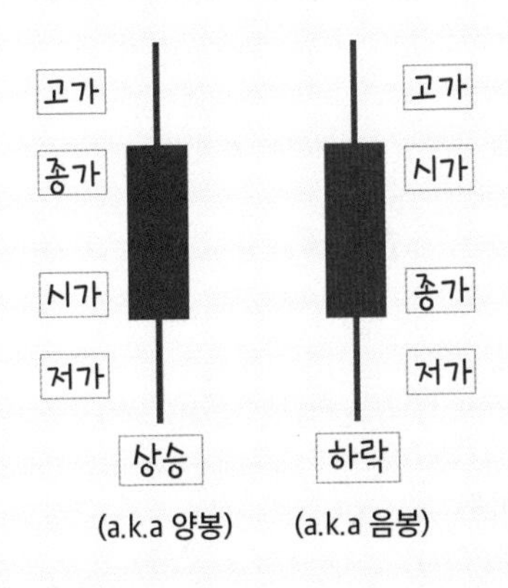

3주차 행동 노트

- **펀드, ETF, 주식 중 나와 잘 맞을 것 같은 투자처는 무엇이고, 그 이유는 무엇인가요?**

  - 어렵더라도 개별 주식을 공부해보고 투자해보고 싶다. 펀드의 경우 보수를 지불해야 한다는 게 아쉽고, ETF는 국내 상장 ETF 리스트를 확인해봤는데 종류가 별로 없었다. 다만, 미국 시장에는 ETF 종류가 꽤 많아 미국 시장은 ETF로, 국내 시장은 개별 주식으로 투자해 볼 생각이다. 증권사 계좌를 개설했으니 국내 주식에는 매월 30만 원씩 투자해 우량주를 사고, 미국 시장은 시장 전체 움직임을 따라가는 S&P500, 나스닥 ETF에 20만 원씩 투자해볼 생각이다.

- **투자하고 싶은 펀드가 있나요? 어디에 투자하는 펀드이며, 최근 수익률은 어땠나요? 보수는 얼마인가요?**

  - 펀드를 투자한다면 미국 성장주에 투자하는 펀드를 고를 것이다. 미국 시장에 투자하는 펀드이며 구체적으로는 미국 시장의 성장주를 골라서 투자해주는 전략을 갖고 있다. 최근 3개월 수익률은 21%, 보수는 연 0.7%이다

- **ETF 투자를 결심했다면 미국 상장 ETF와 한국 상장 ETF 중 무엇을 선택할 건가요? 그 이유는 무엇인가요?**

  - 미국 상장 ETF인 SPDR S&P 500 Trust ETF. 미국 장이 열리는 시간에 주문을 넣어야 한다는 게 번거롭지만 요즘에는 저녁 시간에 매매가 가능한 프리장 매매를 지원하는 증권사도 많아져서 괜찮을 것 같다. 또 미국 상장 ETF는 한국 상장 ETF보다 종류도 많아서 열심히 공부해볼 생각이다.

- **경제 위기 상황에서 오히려 가격이 오르는 안전자산인 금에 투자하기로 했다면 혹은 투자하지 않기로 했다면 그 이유는 무엇인가요?**

  - 현재는 금까지는 신경 쓰지 못할 것 같다. 3년 후에 4천만 원을 모으는 목표를 달성하면 소액으로 시작해보고 싶다.

- **ELS는 구조가 정말 복잡했죠? 재테크를 잘 모르는 친구에게 설명한다고 생각하며 ELS의 구조를 말해보세요.**

  - ELS는 내기 같은 것! ELS는 구조가 너무 복잡하기도 하고, 이자처럼 4~8% 수익률이 찍히는 투자처보다는 주가가 올라서 시세 차익을 노려 볼 수 있는 주식이 더 마음에 든다.

4주차 행동 노트

- **나의 투자 포트폴리오를 구성해봅시다.**

- 주식, 채권, 원자재 등 각 자산의 투자 비중은 몇 퍼센트로 정했나요? 그 이유는 무엇인가요?

- 주식 60%, 채권 20%, 현금 20%. 최근 주식이 많이 올랐지만 아직 나이가 어리니 리스크를 감수하고 도전해봐도 좋을 것 같다. 또 종잣돈이 많지 않기 때문에 주식 공부를 한다고 생각하고 주식 비중을 50% 이상으로 설정했다. 다만, 주식만 하지 않고 채권과 현금을 섞어 밸런스를 맞추고, 급한 자금이 필요한 상황에 대비하려고 한다.

- 각 자산에 해당하는 투자상품은 무엇으로 정했나요?

- 주식은 앞서 배웠던 ETF나 펀드를 활용해 미국, 국내 주식 시장 전체에 투자하는 것을 고르려고 한다. 개별 주식은 공부를 제대로 하지 않아 괜히 투자를 했다 큰 손실을 볼까 겁이 난다. 채권은 미국 국채에 투자하는 펀드를 증권사 직원에게 추천받았고, 현금은 CMA 계좌에 넣어두어 급한 돈이 필요할 때 쓰려고 한다.

- 그렇게 포트폴리오를 구성했을 때 주기적으로 받을 수 있는 이자나 배당금이 있나요?

- 현재 나는 사회초년생이고 부모님과 함께 살아 월급만으로 생활비를

충당할 수 있는 상태이다. 배당으로 현금흐름을 만드는 것도 좋지만 지금은 배당이나 이자가 없어도 투자한 상품의 가격이 상승해 시세 차익을 보는 게 더 중요한 것 같다. CMA나 내가 고른 주식 ETF는 연 1% 내외의 이자, 배당 수익률이 나오는데 이 정도로도 충분하다.

※ 6개월차 직장인 캐릭터로는 연금에 대해 이야기하기가 어려워 7년차 B대리로 가정하고 작성했습니다.

- **현재 어떤 연금을 보유하고 있는지 점검해봅시다.**

  - 퇴직연금은 어떤 유형으로 가입되어 있나요? DC형이라면 운용 지시를 내려봅시다. 예적금부터 펀드까지 다양한 상품에 투자할 수 있습니다. 어떤 상품에 투자할 것인가요?

  - 7년 전 사회초년생 시절, 잘 모르는 상태로 퇴직연금 관련한 서류에 서명했었다. 이번에 4주 동안 돈 공부를 하면서 내 퇴직연금을 다시금 살펴보았다. 지금까지 적립된 적립금은 2,000만 원가량, 운용 지시를 한 번도 내린 적이 없어 DC형 퇴직연금 계좌에 현금으로 쌓여 있었다. 이번에 공부해보니 나는 안정적인 성향이라 퇴직연금 2,000만 원 중 1,000만 원은 경남은행 12개월 만기 예금에, 남은 1,000만 원 중 500만 원은 미국 주식 펀드에 가입하려고 한다.

- 노후 대비를 위해 연금저축이나 IRP에 추가로 납부하고 있나요? 월 납입액이 세액공제 한도 내에 들어오나요? 수익률은 어떤가요? 수익률이 저조한다면 다른 상품으로 갈아타는 것을 고민해봅시다.
- 앞으로 결혼, 내 집 마련, 출산도 해야 하는데 당장 얼마 안 되는 월급에서 연금을 추가적으로 납입하기는 부담스러울 것 같다. 현재로서는 못 하지만 연봉이 좀 더 오르면 노후 대비와 세액공제를 위해 연금저축에 월 30만 원, IRP에 월 20만 원씩 총 50만 원, 연 600만 원을 납입하고 싶다. 같은 50만 원이라도 이를 쪼개서 연금저축 월 30만 원, IRP 월 20만 원으로 나누어 납입하면 연간 납입금액 600만 원에 대해서 모두 세액공제를 받을 수 있다고 한다.